职业教育改革创新示范教材

Qiche Zidong Biansuqi Weixiu
汽车自动变速器维修

（第二版）

黄关山　肖　旭　主　　编
高　峰　蒋　飞　黄国莹　副主编
朱　军　丛书总主审

人民交通出版社股份有限公司
China Communications Press Co.,Ltd.

内 容 提 要

本书是职业教育改革创新示范教材之一,其主要内容包括:自动变速器的基本检查、液力变矩器与油泵的检查、离合器和制动器的拆装检查、行星齿轮机构拆装检查及挡位路线的认识、自动变速器电子控制系统的检修、自动变速器故障诊断六个常见的维修工作项目,共计十二个学习任务。

本书可作为职业院校汽车运用与维修专业的教材,也可供汽车维修及相关技术人员参考阅读。

图书在版编目(CIP)数据

汽车自动变速器维修/黄关山,肖旭主编.—2版.—北京:人民交通出版社股份有限公司,2016.6
ISBN 978-7-114-12942-1

Ⅰ.①汽… Ⅱ.①黄… ②肖… Ⅲ.①汽车—自动变速装置—车辆修理—职业教育—教材 Ⅳ.①U472.41

中国版本图书馆 CIP 数据核字(2016)第 077213 号

职业教育改革创新示范教材

书　　名:	**汽车自动变速器维修**(第二版)
著 作 者:	黄关山　肖　旭
责任编辑:	翁志新　李　良
出版发行:	人民交通出版社股份有限公司
地　　址:	(100011)北京市朝阳区安定门外外馆斜街 3 号
网　　址:	http://www.ccpress.com.cn
销售电话:	(010)59757973
总 经 销:	人民交通出版社股份有限公司发行部
经　　销:	各地新华书店
印　　刷:	北京市密东印刷有限公司
开　　本:	787×1092　1/16
印　　张:	14
字　　数:	245 千
版　　次:	2012 年 1 月　第 1 版
	2016 年 6 月　第 2 版
印　　次:	2018 年 12 月　第 2 版　第 2 次印刷　总第 5 次印刷
书　　号:	ISBN 978-7-114-12942-1
定　　价:	30.00 元

(有印刷、装订质量问题的图书由本公司负责调换)

职业教育改革创新示范教材编委会

（排名不分先后）

主　　任：刘建平（广州市交通运输职业学校）
　　　　　杨丽萍（阳江市第一职业技术学校）

副 主 任：黄关山（珠海城市职业技术学院）　　周志伟（深圳市宝安职业技术学校）
　　　　　邱今胜（深圳信息职业技术学院）　　朱小东（中山市沙溪理工学校）
　　　　　侯文胜（佛山市顺德区中等专业学校）韩彦明（佛山市华材职业技术学校）
　　　　　庞柳军（广州市交通运输职业学校）　程和勋（中山市中等专业学校）
　　　　　冯　津（广州合赢教学设备有限公司）邱先贵（广东文舟图书发行有限公司）

委　　员：谢伟钢、孟婕、曾艳（深圳市龙岗职业技术学校）
　　　　　李博成（深圳市宝安职业技术学校）
　　　　　罗雷鸣、陈根元、马征（惠州工业科技学校）
　　　　　邱勇胜、何向东（清远市职业技术学校）
　　　　　刘武英、陈德磊、阮威雄、江珠（阳江市第一职业技术学校）
　　　　　苏小举（珠海市理工职业技术学校）
　　　　　陈凡主（中山市沙溪理工学校）
　　　　　刘小兵（广东省轻工高级职业技术学校）
　　　　　许志丹、谭智男、陈东海、任丽（佛山市华材职业技术学校）
　　　　　孙永江、李爱民（珠海市斗门区第三中等职业学校）
　　　　　欧阳可良、马涛（佛山市顺德区中等专业学校）
　　　　　周德新、张水珍（河源理工学校）
　　　　　谢立梁（广州市番禺工贸职业技术学校）
　　　　　范海飞、闫勇（广东省普宁职业技术学校）
　　　　　温巧玉（广州市白云行知职业技术学校）
　　　　　冯永亮、巫益平（佛山市顺德区郑敬怡职业技术学校）
　　　　　王远明、郑新强（东莞理工学校）
　　　　　程树青（惠州商业学校）
　　　　　高灵聪（广州市信息工程职业学校）
　　　　　黄宇林、邓津海（广东省理工职业技术学校）
　　　　　张江生（湛江机电学校）
　　　　　任家扬（中山市中等专业学校）
　　　　　邹胜聪（深圳市第二职业技术学校）

丛书总主审：朱　军

第二版前言
PREFACE TO THE SECOND EDITION

"十二五"期间,人民交通出版社以职教专家、行业专家、学校教师、出版社编辑"四结合"的模式开发出了"职业教育改革创新示范教材",受到广大职业院校师生的欢迎。

随着职业教育教学改革的不断深入,学校对课程、教材的内容与形式提出了更高的要求。《教育部关于深化职业教育教学改革全面提高人才培养质量的若干意见》(教职成[2015]6号)中提出:对接最新职业标准、行业标准和岗位规范,紧贴岗位实际工作过程,调整课程结构,更新课程内容,深化多种模式的课程改革,要普及推广项目教学、案例教学、情景教学、工作过程导向教学,广泛运用启发式、探究式、讨论式、参与式教学,充分激发学生的学习兴趣和积极性。根据文件精神,人民交通出版社组织专家和编者,对已出版的"职业教育改革创新示范教材"进行了全面修订,对个别不能完全适应学校教学的教材进行了重新整合,并增加了几种学校急需教材,更新了教材内容,并对教材中的错漏进行了修正。

《汽车自动变速器维修》是其中的一本。通过此次修订,本书纠正了第一版中的错误之处;根据部分院校的教材使用意见,删除了难度较大的"项目五 自动变速器阀体的拆装检修"的内容;对部分项目中的"学习拓展"内容进行了调整;配套的电子课件也进行了修订。

本书由珠海城市职业技术学院黄关山、珠海市理工职业技术学校肖旭担任主编,由珠海市理工职业技术学校高峰、蒋飞和清远市职业技术学校黄国莹担任副主编,参加编写的还有孔国彦、朱杰等。全书由黄关山统稿。

职业教育改革创新示范教材编委会

2016 年 1 月

第一版前言 PREFACE

　　随着我国汽车市场的蓬勃发展，一方面汽车维修行业对专业技术人员的需求越来越大，另一方面，汽车技术的快速更新，也对汽车维修技术人员的要求越来越高。如何培养既符合市场需求又符合学生发展需要的汽车维修专业技术人才，是目前职业院校急需解决的问题。

　　随着职业教育改革的不断深化，根据教育部"以就业为导向，以服务为宗旨，以能力为本位"的职业教育方针，本书在编写过程中，创新教育理念，紧密围绕以工作过程和专业岗位技能需求构建教学内容，以岗位工作任务为主线，使教学过程围绕工作任务开展，以实用、够用兼顾培养学生可持续发展的学习能力为原则对课程内容进行整合。同时为了全面培养学生的综合能力，有效提高学生的整体素质和职业能力，在课程中引入"整理、整顿、清扫、清洁、自律、自强"的6S管理理念，把职业能力培养融入到技能教学中，在培养学生专业技能的同时提升学生的综合素质，养成良好的行为习惯。

　　本书力图把专业知识与具体工作任务和职业能力培养结合起来，使学生在技能操作过程中，有具体的工作指导和工作规范，有明确的工作目标，激发学生的求知欲，提高学生的学习兴趣，调动学生学习的积极性。本书按照一体化教学方案设计，不仅有利于学生专业知识和维修经验的建构，而且有利于拉近学校课堂教学与企业生产的距离，体现专业技术特征和职业特性，让学生感受职业氛围；同时还有利于学校资源的调用，提高资源的利用率；开展一体化教学还有利于新技术、新工艺、新产品快速引入专业教学,保持教材、生产实际、学生和实训设备的协调。

本书最突出的特点是,按照技能竞赛的标准要求学生,以期真正实现"以赛促教,以赛促学"的目的。同时,让学生在工作过程中带着问题去思考、去工作,每一个工作任务都有具体的、明确的、规范的指导,不仅让学生了解怎么做,还让学生明白为什么这么做,掌握相关的工作规范和要求。每个学习任务后面都设计有学习评价表,对学生的学习过程进行综合评价和反馈。

本书由珠海市理工职业技术学校黄关山、蒋飞担任主编,由珠海市理工职业技术学校高峰、苏小举和清远市职业技术学校黄国莹担任副主编,参加编写的还有肖旭、孔国彦、朱杰等。全书由黄关山统稿。本书在编写过程中,得到许多专家和同行的帮助,在此表示衷心的感谢。

由于编者的水平有限,书中难免有不足之处,敬请各位老师、专家和学生以及广大读者批评指正。

编者

2011 年 6 月

目录 CONTENTS

项目一　自动变速器的基本检查 / 1
　　学习任务一　自动变速器油的检查与更换 ……………………………………… 1
　　学习任务二　自动变速器的基本检查 …………………………………………… 16

项目二　液力变矩器与油泵的检查 / 31
　　学习任务三　液力变矩器的检查 ………………………………………………… 31
　　学习任务四　自动变速器油泵的拆装检查 ……………………………………… 45

项目三　离合器和制动器的拆装检查 / 59
　　学习任务五　离合器的拆装检查 ………………………………………………… 59
　　学习任务六　制动器与单向离合器的拆装检查 ………………………………… 71

项目四　行星齿轮机构拆装检查及挡位路线的认识 / 83
　　学习任务七　行星齿轮机构变速原理的认识 …………………………………… 83
　　学习任务八　丰田 A341E 自动变速器拆装及挡位路线的认识 ………………… 97
　　学习任务九　日产 RE4F03A 自动变速器拆装及挡位路线的认识 ……………… 127
　　学习任务十　大众 01N 自动变速器拆装及挡位路线的认识 …………………… 153

项目五　自动变速器电子控制系统的检修 / 172
　　学习任务十一　电子控制系统的检修 …………………………………………… 172

项目六　自动变速器故障诊断 / 199
　　学习任务十二　自动变速器故障诊断方法 ……………………………………… 199

参考文献 / 214

项目一 自动变速器的基本检查

 项目描述

对自动变速器进行基本检查是自动变速器维修最重要的基本技能。学生通过两个学习任务,了解自动变速器的结构和基本工作原理,学会对自动变速器油位的检查和自动变速器油的更换,学会在不对自动变速器进行分解的前提下,通过基本检查和分析,确认故障范围的诊断思路,为后续项目学习打下基础。

学习任务一　自动变速器油的检查与更换

学习目标

◎ 知识目标
(1) 能够叙述自动变速器的基本概念。
(2) 能够认识自动变速器的类型。
(3) 能够叙述自动变速器油的作用及特性。

◎ 技能目标
(1) 能正确、规范地检查自动变速器油。
(2) 能正确选择自动变速器油,会采取相关的环保、安全措施。
(3) 能根据维修手册,安全规范地更换自动变速器油。

◎ **素养目标**
(1) 培养团队精神和集体主义精神。
(2) 加强环境保护和工作安全的意识。
(3) 树立为客户服务的观念。

 建议完成本学习任务的时间为 **6 课时**。

 学习任务描述

一辆卡罗拉1.6AT轿车在检修时,车主反映:自动变速器油已经到达更换周期。需要你对变速器油进行检查并更换。

 学习内容

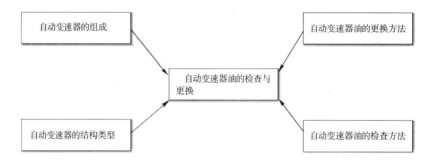

 注意事项

(1) 注意人身安全,认真执行6S管理。
(2) 工作过程中,保持工位环境整洁,按照环保要求对废物进行处理。
(3) 严格遵守拆装规程,避免人为损坏零部件。

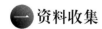

| 引导问题 1 | 什么是自动变速器? |

自动变速器的广泛应用,使人们驾驶车辆变得越来越简便,大大减轻了驾驶人

的驾驶强度,给人们的生活带来了极大的便利。随着科学技术的发展,各种类型的自动变速器已经被广泛装备在不同的车辆上,图1-1所示为自动变速器的外部结构,图1-2所示为自动变速器的内部结构。

自动变速器是相对于手动变速器而言的,它可以根据汽车的实际行驶状况自动地选择与自动切换到前进挡位中的某个挡位,保证车辆正常行驶。自动变速器的基本组成如图1-3所示。自动变速器一般由液力变矩器、液压控制系统、行星齿轮机构和电子控制系统等部分组成。

图1-1 自动变速器的外部结构

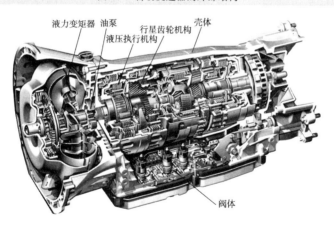

图1-2 自动变速器的内部结构

引导问题2 　自动变速器有哪些类型?

不同车型所装用的自动变速器在类型、结构上往往有很大的差异,常见的分类方法和类型如下。

（1）按自动变速器传动机构的不同，自动变速器可分为平行轴式、行星齿轮式与钢带传动式三种，如图1-4所示。

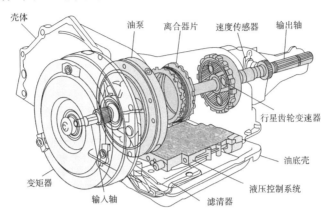

图1-3　自动变速器的组成

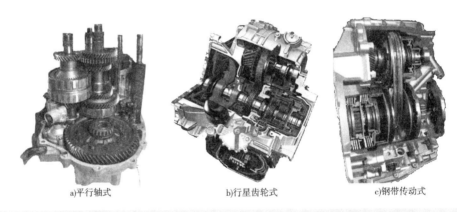

图1-4　三种不同传动机构的变速器

①平行轴式自动变速器采用的是普通斜齿轮传动，其结构与手动变速器较为相似，用液压离合器取代了手动变速器的同步机构和换挡结构。这种类型的自动变速器由于体积较大，可以实现的传动比范围受到限制，只有部分厂家采用，如日本本田汽车公司。

②行星齿轮式自动变速器由于结构紧凑，容易实现不同的传动比，而且工作可靠，传动噪声小，目前被绝大多数轿车采用。

③钢带传动式自动变速器可以实现自动变速器动力的连续传动，传动比可以在一定范围内连续变化，大大减少了普通变速器换挡所带来的车辆振动，因此主要应用在无级变速器中。

（2）按汽车驱动方式的不同，自动变速器可分为后轮驱动自动变速器、前轮驱动自动变速器（自动变速器驱动桥）。

①后轮驱动自动变速器的布置形式如图1-5所示。变矩器和齿轮变速器的输入轴及输出轴在同一轴线上,发动机的动力经变矩器、自动变速器、传动轴、后驱动桥的主减速器、差速器和半轴传递给左右两个后轮。这种发动机前置、后轮驱动的布置形式,其发动机和自动变速器都是纵置的,因此轴向尺寸较大。

②前轮驱动自动变速器,又称自动变速驱动桥,其布置形式如图1-6所示。除了具有与后轮驱动自动变速器相同的组成部分外,在自动变速器的壳体内还安装有主减速器和差速器。前轮驱动汽车的发动机有纵置和横置两种。纵置发动机的自动变速器结构和布置与后驱动自动变速器基本相同,只是在后端增加了一个差速器。横置发动机的自动变速器由于汽车横向尺寸的限制,要求有较小的轴向尺寸,因此通常将输入轴和输出轴设计成两个轴线的方式,变矩器和齿轮变速器输入轴布置在上方,输出轴布置在下方。

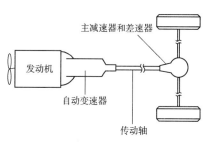

图1-5 后轮驱动自动变速器

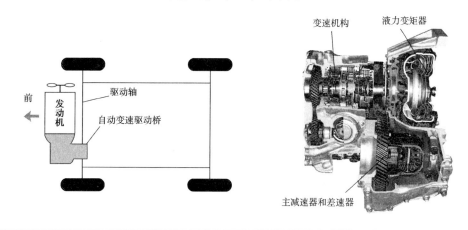

图1-6 自动变速驱动桥

(3)按控制方式的不同,自动变速器可分为液压控制自动变速器、电子控制自动变速器和半电子控制自动变速器三种。

①液压控制自动变速器。液压控制自动变速器是通过机械的手段,将汽车行驶时的车速及节气门开度两个参数转变为液压控制信号,液压控制系统根据这些液压控制信号的大小,按照设定的换挡规律,通过控制换挡执行机构动作,实现自动换挡,其基本原理如图1-7所示。早期的自动变速器主要采用这种方式,但随着科学技术的发展,这种方式现在已经被半电子控制自动变速器和电子控制自动变速器取代。

②电子控制自动变速器。电子控制自动变速器是通过各种传感器,将发动机转

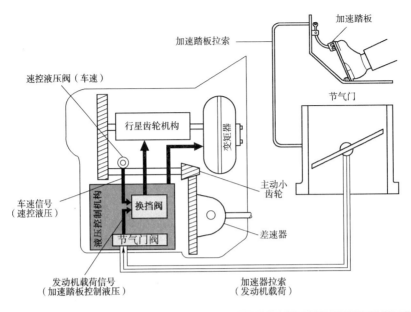

图1-7 液压控制自动变速器

速、节气门开度、车速、发动机冷却液温度、自动变速器油压、油温等参数转变为电信号,并输入电子控制系统,电子控制模块根据这些电信号,按照设定的换挡规律,向换挡电磁阀、油压电磁阀等发出电子控制信号,换挡电磁阀和油压电磁阀再将控制模块的电子控制信号转变为液压控制信号,液压控制系统中的各个控制阀根据这些液压控制信号,控制换挡执行机构的动作,从而实现自动换挡,其基本原理如图1-8所示。

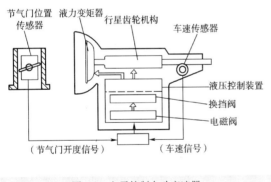

图1-8 电子控制自动变速器

③半电子控制自动变速器。在半电子控制自动变速器中,换挡控制已实现了电子化,而压力调节器的控制方法仍采用机械或液压控制的方法,这种电子与机械混合的控制方法称为半电子控制。

引导问题3 自动变速器是如何工作的?

自动变速器的基本工作原理如图1-9所示。

发动机输出的转矩经过自动变速器减速增矩后输出给传动轴。自动变速器在工作过程中,发动机的节气门开度信号通过液压控制系统的节气门阀产生节气门油压,而自动变速器输出轴通过速控阀在液压控制系统内产生速控油压,节气门油压和速控油压在液压系统内形成控制换挡执行机构工作的管道压力,控制自动变速器内部的换挡执行机构工作,实现自动换挡。在整个工作过程中,系统的压力由油泵提供。

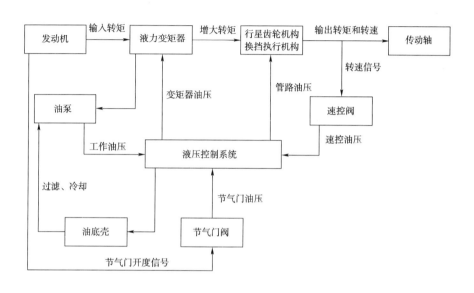

图1-9　自动变速器的工作原理

引导问题4　目前自动变速器技术有何新的发展?

(1)汽车自动变速器向多挡位方向发展,多挡位的自动变速器将越来越普遍,5速、6速自动变速器已取代4速变速器成为市场的主流。

(2)自动变速器控制模式更加精确,采用多电磁阀方式控制换挡,换挡的控制精度得到大大提高,使得换挡质量明显改善,如图1-10所示。

动态智能换挡程序集成在控制模块内,动态换挡程序由加速踏板的运动速度激活,可根据驾驶人的驾驶习惯在经济型和运动型特性曲线之间任意切换,控制模块可根据驾驶人的性情、路面状况、车身负荷以及周边的环境等多种因素,在几种模式中挑选最适合的功能,实现智能化驾驶,以充分发挥车辆的性能,降低油耗,减少空气污染,确保安全。

(3)自动变速器将更加趋向智能化控制,Tiptronic手自一体控制成为潮流。图1-11所示为奥迪轿车上手自一体化控制的自动变速器。

图1-10 换挡模式

图1-11 手自一体化控制的自动变速器

引导问题5 自动变速器油的作用是什么？自动变速器油有何特性？

自动变速器油（Automatic Transmission Fluid）简称ATF。它既是液力变矩器转矩传递的介质，又是行星齿轮机构的润滑油和换挡装置的液压油。所以，ATF除具有传递转矩和液压以控制自动变速器的离合器和制动器工作的性能外，还应该具有润滑、清洁和冷却的作用。自动变速器的工作特点要求自动变速器油必须具有较高的品质，其性能指标一般应具备以下几点：适当的黏度和低温流动性、抗磨性、热氧化安定性、抗泡沫性、密封材料适应性、摩擦特性、剪切安定性及防腐性等。

引导问题6 如何选用ATF？

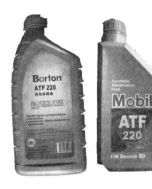

图1-12 常见的ATF

ATF品质的好坏对自动变速器的性能有着至关重要的影响。在对自动变速器维护时，错误选用ATF会导致换挡困难，严重的会使自动变速器离合器等部件烧毁，因此必须谨慎选择ATF，如图1-12所示。ATF的好坏主要通过其黏度、黏度指数、闪点、倾点等几个物理指标来判断。对ATF的选用应根据表1-1进行选择，选用ATF必须首先参考相关车型的维修手册上推荐的ATF型号。否则，不仅容易发生故障，而且还会影响自动变速器的使用寿命。

ATF 的类型及选用标准　　　　　　　　　　　　　　　　　　　　　　表 1-1

序号	ATF 型号	说　　　明
1	Dexron	美国通用公司于 1967 年制定的 ATF,也是全球最具影响力的 ATF 标准
2	Dexron Ⅱ	美国通用第二代 ATF,在黏度和抗氧化方面有所改进,可以替代早期 Dexron
3	Dexron Ⅱ D	美国通用的改良型 ATF,主要是适应于当时各车厂推出的电控变速器
4	Dexron Ⅲ	美国通用第三代 ATF,适合于早期的电控变速器,是全球使用广泛的 ATF
5	Dexron Ⅲ（H）	美国通用 2003 年在 Dexron Ⅲ 基础上改良的高效抗磨 ATF,逐步取代 Dexron Ⅲ
6	Dexron-Ⅵ	美国通用于 2006 年公布的最新型 ATF,主要应用于 6~7 速的电控变速器,也是将来 ATF 发展的方向,可以替代 Dexron Ⅲ
7	Toyota Type WS	适用于丰田最新型变速器系列的 ATF
8	Esso Type LT 71141（G 052 162 A2）	适用于奥迪、大众系列变速器的 ATF

引导问题 7　　如何根据 ATF 的状况初步判断自动变速器的工作情况？

正常的 ATF 清澈且略显红色或黄色,无异味。随着行驶里程的增加,ATF 颜色会发生改变,尤其是当自动变速器磨损或发生故障后,ATF 的状况也随之发生变化,因此通过检查 ATF 的状况可以初步判断自动变速器的工作情况。

变速器在正常工作温度下一般能行驶约 4 万 km 或 24 个月。影响油液和变速器使用寿命的最重要因素之一是油液的温度。如果液力变矩器有故障、离合器和制动器滑转或分离不彻底、单向离合器滑转和油冷却器堵塞等,均会导致油液温度过高。若发现油液温度过高,应当立即检查。延长自动变速器使用寿命的关键就在于经常检查油面、检查油液的温度和状态。

油液温度过高,会使油液黏性下降、性能变坏(产生油膏沉淀和积炭)、堵塞细小量孔、卡滞控制阀门、降低润滑效果、破坏橡胶密封部件,从而导致变速器损坏。

检查 ATF 的气味和状态,也是十分重要的。油液的气味和状态可以表明自动变速器的工作状态。检查油液时,从油尺上嗅一嗅油液的气味,在手指上点少许油液,用手指互相摩擦看是否有渣粒,或将油尺上的液压油滴在干净的白纸上,检查液压油的颜色及气味。如 ATF 呈棕色或有焦味,说明 ATF 已变质,变质原因详见表 1-2,应立即更换。

油液状况与原因　　　　　　　　　　　　　　　　　　　　　　表 1-2

油液状况	主　要　原　因
ATF 变为深褐色或深红色	(1) ATF 使用时间过长; (2) 自动变速器长期重载荷运转,某些部件打滑或损坏引起变速器过热
ATF 中有金属屑	离合器、制动器或单向离合器、制动带严重磨损
油尺上黏附有胶质油膏	ATF 温度过高
ATF 有烧焦气味	油温过高、油面过低;ATF 冷却器或管路堵塞
ATF 从加油管溢出	油面过高或通气孔堵塞

引导问题 8 针对 ATF 的环境保护和自我安全防护措施有哪些?

1 环境保护措施

ATF 会对水形成污染,不允许排入地表水域和下水道,作业时只能在防渗的地面上进行。废弃的 ATF 要单独盛装,并妥善保管和回收利用。沾上 ATF 的抹布或物品,不得作为生活垃圾处理。

2 安全防护措施

废弃的 ATF 对人皮肤有害,作业时应戴上防护手套和防护服。如果皮肤上沾上废弃的 ATF,应立即用水和肥皂清洗。如果 ATF 不慎溅入眼睛,要用水认真清洗,然后尽快去医院检查治疗。

引导问题 9 ATF 的检查工艺流程是怎样的?

ATF 的检查是常见的工作任务,应按照基本的检查工艺流程进行。如图 1-13 所示。

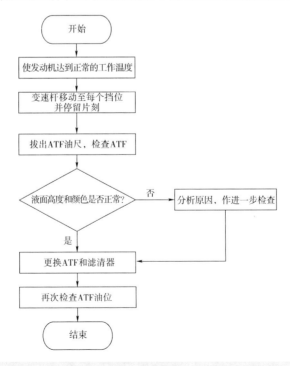

图 1-13 ATF 的检查更换工艺流程

二 实施作业

引导问题 10 作业前应该准备哪些工具和设备?

（1）座椅套、转向盘套、地板垫、车辆翼子板布、前格栅布、干净抹布。
（2）装备自动变速器的卡罗拉轿车。
（3）维修手册、工作记录表、评分表。

引导问题 11 如何进行作业前的准备工作?

（1）现场安全确认:车辆、举升机、工位安全确认。
（2）车辆防护:翼子板布、前格栅布、座椅套、转向盘套、地板垫、车轮挡块。

引导问题 12 通过查询和查找,你能找到以下信息吗?

请完成车辆基本信息表,见表1-3。

车辆基本信息表　　　　　　　　　　　　　　　　　表1-3

项 目	具体信息	项 目	具体信息
车牌号码		发动机型号及排量	
行驶里程		车辆识别代码(VIN)	

引导问题 13 如何检查 ATF 液面高度?

请查阅维修手册,根据以下步骤进行作业并填写作业记录表,见表1-4。

作 业 记 录 表　　　　　　　　　　　表1-4

步骤	项目	图 示	内 容
1	发动机预热		（1）将汽车停放在水平地面上,并拉紧驻车制动器操纵杆; （2）让发动机怠速运转,使发动机的温度达到正常的工作温度; （3）踩住制动踏板,将变速杆置于每一个挡位,并在每个挡位上停留几秒,使液力变矩器和所有换挡执行元件中都充满液压油。最后将变速杆拨至停车挡(P)位
	完成情况:是□　否□		

续上表

步骤	项目	图 示	内 容
2	检查液面高度		从加油管内拔出自动变速器油尺,将擦干净的油尺全部插入加油管后再拔出,检查油尺上的油面高度
	检查结果及处理意见:		
3	检查ATF状况		将油尺上的液压油滴在干净的白纸上,检查液压油的颜色及气味
	检查结果及处理意见:		

> **小提示**
>
> 油面高度的标准是:如果自动变速器处于冷态(即冷车刚刚起动,油的温度较低,低于25℃时),油面高度应在油尺刻线的下限附近;如果自动变速器处于热态(如低速行驶5min以上,液压油温度已达70~80℃),油面高度应在油尺刻线的上限附近。这是因为低温时液压油的黏度大,运转时有较多的液压油附着在行星齿轮等零件上,所以油面高度较低;高温时液压油黏度小,容易流回油底壳,因此油面较高。
>
> 若油面高度过低,应从加油管处添加合适的ATF,直至油面高度符合标准为止。
>
> 继续运转发动机,检查自动变速器油底壳、油管接头等处有无漏油。如有漏油,应立即予以修复。在自动变速器调整、加注液压油,并经试车之后,应重新检查自动变速器液压油的油面高度是否正常,油底壳、油管接头等处有无漏油。

> **注意**
>
> 某些自动变速器上没有检查自动变速器油位的油尺,而是利用变速器油底壳中一块高台阶处的溢流孔来检查和加注ATF,其结构原理如图1-14所示。检查时在油底壳底下拧开溢流螺栓,如果有微量的油从溢流孔流出,则表示油位正常。

项目一 自动变速器的基本检查

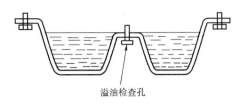

溢油检查孔

图1-14 溢流孔装置

引导问题 14 如何正确更换ATF？

若很长时间没有更换ATF，会导致液体变质从而造成换挡振动，而且还可能导致加速不良、离合器打滑，并使燃油经济性变差。换油时，应优先采用车辆随车手册上推荐使用的变速器油。

小 提 示

ATF是必须定期更换的物品，切不可用齿轮油或机油代替，否则会造成自动变速器的严重损坏。

请查阅维修手册，根据以下步骤进行作业并填写作业记录表，见表1-5。

更换ATF作业记录表　　　　　　　　　　表1-5

步骤	项目	图　　示	内　　容
1	举升车辆	（车辆举升示意图） 注意：严格按照举升机的操作规范操作	（1）车辆运行至自动变速器达到正常工作温度（油温70~80℃）后停车熄火； （2）举升车辆至合适的高度
		完成情况：是□ 否□	

13

续上表

步骤	项　目	图　示	内　　容
2	排放ATF	垫片　放油螺塞 小提示:确认在放油螺塞和油底壳内没有旧的垫片。变矩器内的液体无法通过油底壳上的放油螺塞排放	（1）从油底壳拆下放油螺塞； （2）将ATF排放到排放盘内,将液压油放净并更换放油螺塞垫片； （3）将放油螺塞安装到油底壳上。 注意:有些车型的自动变速器油底壳上没有放油螺塞,应拆下整个油底壳,然后放油。 　　有些自动变速器的油底壳上的放油螺塞为磁性螺塞,也有些自动变速器在油底壳内专门放置一块磁铁,以吸附铁屑。清洗时必须注意将螺塞或磁铁上的铁屑清洗干净后再放回
	完成情况:是□否□		
3	加注新ATF	漏斗　ATF 加注口导管 小提示:加油前请先确定修理手册或驾驶员手册中规定的ATF量	（1）降下车辆； （2）从加注口加注新ATF； （3）起动发动机,检查ATF油面高度。 注意:由于新加入的油液温度较低,油面高度应在油尺刻线的下限附近。如油面高度太低,应继续加油至规定油面高度
	完成情况:是□否□		
4	最后检查		（1）让汽车行驶至发动机和自动变速器达到正常工作温度,再次检查油面高度是否在油尺线的上限附近,如过低,应继续加油,直至满足规定要求为止； （2）再次检查有无油液泄漏
	完成情况:是□否□		

项目一　自动变速器的基本检查

　　如果不慎加入过多的ATF,使油面高于规定的高度,切不可凑合使用。因为当油面过高时,行驶中油液被行星齿轮剧烈地搅动,产生大量的泡沫。这些带有泡沫的液压油进入油泵和控制系统后,对自动变速器的工作极为不利。因此油面过高时,应把油放掉一些。有放油螺塞的自动变速器只要把螺塞打开即可放油;没有放油螺塞的自动变速器在做少量放油时,可从加油管处往外吸。

　　一般自动变速器的总油量为10L左右,按上述方法换油时,变矩器内的液压油是无法放出的。若液压油严重变质,必须全部更换时,可先按上述方法换油,然后让汽车行驶约5min后再次换油。

　　一般来说,更换自动变速器油需要同时更换油底壳内的滤清器。

三　评价与反馈

　　请完成评价反馈表,见表1-6。

评价反馈表　　　　　　　　　　　　　　　　　　　表1-6

请根据你自己在工作中和课堂上的表现,对自己进行客观的评价,看看你能获得几颗星?

评价项目	5颗星	3颗星	1颗星	评价结果
知识掌握情况	掌握相关理论知识,并能运用到实际操作中,任务完成良好	基本能够理解相关理论知识,能够完成相应工作	对相关理论知识不明白,不能或者难以完成相应的工作	
动手实践情况	积极参加,做好安全保护工作,注重工作质量	会动手实践,安全保护措施到位,工作质量较好	出现安全隐患,不知道如何动手实践	
小组合作情况	与小组成员配合工作很愉快	与小组其他同学配合工作交流较少	没有与其他同学进行交流	
6S执行情况	值日认真,服从指挥,工位、工装整洁,职业形象好	值日较认真,出现迟到或其他违纪情况	出现忘记值日、工位或工装不整洁的情况	
哪些方面需要改进				
教师点评				
学生姓名		小组长签名		
教师签名		日期		

四 学习拓展

（1）ATF 的作用是什么？有何特性？

（2）查阅资料，说明科鲁兹、卡罗拉、骐达汽车 ATF 的更换周期。

（3）请查找资料，找到目前世界上主要的自动变速器生产厂商及其产品。

学习任务二　自动变速器的基本检查

学习目标

◎ **知识目标**
（1）能够叙述自动变速器的组成。
（2）能够叙述自动变速器的挡位标识的含义。
（3）能够叙述自动变速器的基本工作过程。

◎ **技能目标**
（1）能正确、规范地对自动变速器进行基本检查。
（2）了解与自动变速器车辆使用相关的环保、安全措施。
（3）能够快速地查阅维修手册，获得相关的维修数据。

◎ **素养目标**
（1）培养团队精神和集体主义精神。
（2）加强环境保护和工作安全的意识。
（3）树立为客户服务的观念。

项目一　自动变速器的基本检查

 建议完成本学习任务的时间为 **4** 课时。

 学习任务描述

一辆装备自动变速器的卡罗拉轿车在检修时,车主反映:自动变速器换挡转速过高。需要你对该车自动变速器进行基本检查,确定故障部位,并进行修理。

 学习内容

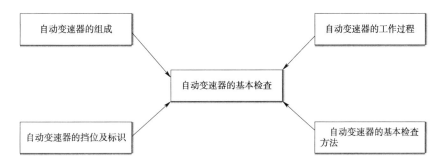

 注意事项

(1)注意人身安全,认真执行6S管理。
(2)工作过程中,保持工位环境整洁,按照环保要求对废物进行处理。
(3)严格遵守拆装规程,避免人为损坏零部件。

 一　资料收集

 自动变速器由哪些部分组成?

自动变速器的厂牌型号很多,外部形状和内部结构也有所不同,但它们的组成基本相同,主要由液力变矩器、变速齿轮机构、液压控制系统、电子控制系统、换挡操纵机构五大部分组成,如图2-1所示。

1　液力变矩器

液力变矩器如图2-2所示,位于自动变速器的最前端,与发动机的飞轮直接连接,其作用与采用手动变速器的汽车中的离合器相似。

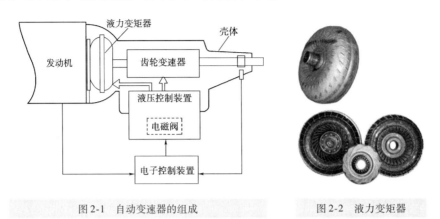

图 2-1 自动变速器的组成　　图 2-2 液力变矩器

液力变矩器利用油液循环流动过程中动能的变化将发动机的动力传递自动变速器的输入轴,并能根据汽车行驶阻力的变化,在一定范围内自动地、无级地改变传动比和转矩比,具有一定的减速增矩功能。

2 变速齿轮机构

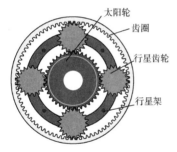

图 2-3 行星齿轮机构

自动变速器中的变速齿轮机构采用的形式有行星齿轮式和普通齿轮式两种。采用普通齿轮式传动的自动变速器,由于尺寸较大,最大传动比较小,只有少数车型采用。目前,绝大多数轿车自动变速器中的齿轮变速器采用的是行星齿轮机构。

行星齿轮机构是自动变速器的重要组成部分之一,主要由太阳轮(又称中心轮)、齿圈、行星架和行星齿轮等元件组成,如图 2-3 所示。

行星齿轮机构是实现变速的机构,自动变速器传动比的改变是通过以不同的元件作主动件和限制不同元件的运动而实现的。在传动比改变的过程中,整个行星齿轮组还存在运动,动力传递没有中断,因而实现了动力换挡。

3 液压控制系统

液压系统包括供油系统和液压控制系统两部分。液压控制系统主要由油泵、储油盘、滤清器、阀体总成及管道所组成,如图 2-4 所示。油泵是自动变速器最重要的总成之一,它通常安装在变矩器的后方,由变矩器壳后端的轴套驱动。在发动机运转时,不论汽车是否行驶,油泵都在运转,为自动变速器中的变矩器、换挡执行机构、自动换挡控制系统部分提供一定油压的液压油。油压的调节由调压阀来实现。

项目一　自动变速器的基本检查

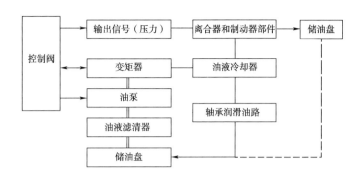

图 2-4　液压控制系统

4　电子控制系统

电子控制系统能根据发动机的负荷(节气门开度)和汽车的行驶速度,按照设定的换挡规律,自动地接通或切断某些换挡离合器和制动器的供油油路,使离合器接合或分开、制动器制动或释放,以改变齿轮变速器的传动比,从而实现自动换挡。

自动变速器的自动换挡控制系统有液压控制和电液压(电子)控制两种。

(1)换挡执行机构。换挡执行机构主要用来改变行星齿轮中的主动元件或限制某个元件的运动,改变动力传递的方向和传动比,主要由多片式离合器、制动器和单向超越离合器等组成,如图 2-5 所示。

图 2-5　换挡执行机构

离合器的作用是把动力传递给行星齿轮机构的某个元件使之成为主动件。制动器的作用是将行星齿轮机构中的某个元件抱住,使之固定。单向离合器也是行星齿轮变速器的换挡元件之一,其作用和多片式离合器及制动器基本相同,也是用于固定或连接几个行星排中的某些太阳轮、行星架、齿圈等基本元件,让行星齿轮变速器组成不同传动比的挡位。

(2)自动变速器的电子控制系统。自动变速器电子控制系统包括各传感器、开关和电子控制模块。自动变速器电子控制模块(TCM)是电子控制系统的核心,它利用电子自动控制的原理,通过传感器将汽车行驶速度和发动机负荷等参数转变为电信号,自动变速器电子控制模块(TCM)根据这些电信号做出是否需要换挡的判断,并按照设定的控制程序发出换挡指令,操纵各种电磁阀(换挡电磁阀、油压电磁阀等)去控制阀板总成中各个控制阀的工作(接通或切断换挡控制油路),驱动离合器、制动器、锁止离合器等液压执行元件,从而实现对自动变速器的全面控制。自动变速器电子控制系统的组成见表2-1。

自动变速器电子控制系统的组成　　　　　　　　　　表2-1

开关和传感器	TCM	执行器
空挡开关(PNP开关)	换挡正时控制	换挡电磁阀
加速踏板位置传感器	管路压力控制	锁止离合器电磁阀
节气门位置传感器	锁止离合器控制	管路压力电磁阀
车速传感器	换挡质量控制	
ATF温度传感器	自诊断	
涡轮转速传感器	后备功能	
制动开关		
发动机转速传感器		
模式开关		
超速挡开关		

电子控制系统由各种传感器、控制开关、执行器和电子控制模块等组成。自动变速器电子控制系统如图2-6所示。

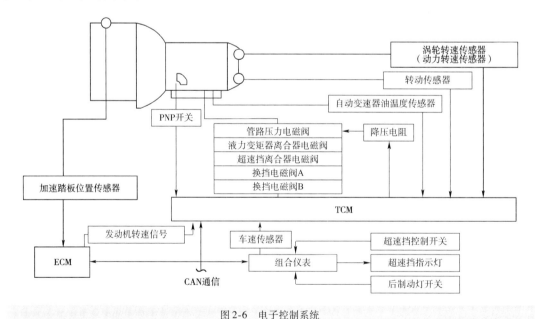

图2-6　电子控制系统

5 换挡操纵机构

自动变速器的换挡操纵机构包括手动选择阀的操纵机构和节气门阀的操纵机

构等。驾驶人通过自动变速器的变速杆改变阀板内的手动阀位置,控制系统根据手动阀的位置及节气门开度、车速、控制开关的状态等因素,利用液压自动控制原理或电子自动控制原理,按照一定的规律控制齿轮变速器中的换挡执行机构的工作,实现自动换挡。

引导问题2 自动变速器的挡位及标识是怎样的？它们有何含义？

1 自动变速器的挡位及标识

自动变速器的挡位及标识,如图2-7所示。

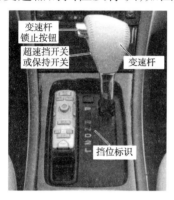

图2-7 自动变速器的挡位及标识

在变速杆的一侧有表示变速杆位置的符号,如：ＰＲＮＤＬ或ＰＲＮＤ２Ｌ或ＰＲＮＤ３２１。不同车型的变速杆也各不相同,图2-8所示为宝马轿车上的变速杆,其挡位在仪表上的指示如图2-9所示。

图2-8 宝马轿车上的变速杆

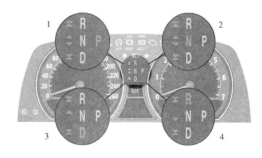

图2-9 宝马轿车仪表上的挡位指示

2 各挡位的含义

各挡位的含义见表2-2。

挡位含义　　　　　　　　　　　　　　　　　　　　　表2-2

挡位名称	挡 位 含 义
P	驻车挡,变速杆置于该位置时,可以起动发动机,但发动机运转时车辆不行驶,且车辆无法移动
R	倒车挡,发动机运转时,变速杆置于此位置,车辆将向后行驶
N	空挡,变速杆于该位置时,可以起动发动机,发动机运转时车辆得不到驱动力,但车辆可以移动
D	前进挡,当发动机运转,变速杆置于该位置时,自动变速器将根据车辆行驶的状况自动地在1挡、2挡、3挡和O/D挡之间变化
S	前进低挡,当发动机运转,变速杆置于该位置时,自动变速器将自动地在1挡和2挡之间变换
L	前进低挡,当发动机运转,变速杆置于该位置时,自动变速器将只能以1挡行驶

3 各挡位的区别

(1)1挡的区别。

D-1/S-1挡:加速时,发动机的动力以1挡传动比传递给驱动轮;减速时,车辆的阻力无法传递到发动机,发动机以怠速运转,没有发动机制动。

L-1挡:无论加速还是减速,变速器始终以1挡传动比工作,具有发动机制动。

(2)2挡的区别。

D-2挡:加速时以2挡行驶,减速时以空挡滑行,没有发动机制动。

S-2挡:无论加速还是减速,变速器始终以2挡传动比工作,具有发动机制动。

(3)控制开关的使用。

①O/D开关(超速挡开关)(OFF/ON)。一般AT的最高挡为O/D挡,即超速挡,O/D开关控制仪表上的O/D OFF指示灯,当O/D OFF灯亮时,AT的最高挡为3挡,当O/D OFF灯灭时,AT可以以最高4挡行驶。

②HOLD开关(保持开关)。HOLD开关能够使变速器失去自动变速的功能,而得到手动换挡的感觉,当HOLD开关置于ON时,如果变速杆置于D位,变速器只能以3挡工作,变速杆置于2位,变速器只能以2挡工作,变速杆置于L位,变速器只能以1挡工作。

③模式开关。换挡模式又称换挡规律,指在换挡时,节气门开度与车速之间的关系。一般有三种模式:动力模式(PWR)。经济模式(ECO)、一般模式(NORM)。经济模式(ECO)换挡车速低,经济性好;一般模式(NORM)兼顾经济与动力;动力模式(PWR)换挡车速高,动力性好。一般车辆只取其中两种,如ECO/PWR、ECO/NORM、NORM/PWR。

装备自动变速器的车辆出现故障后不能采用拖车的形式救援。

引导问题3 自动变速器的基本工作过程是怎样的？

自动变速器之所以能够实现自动换挡是因为工作中驾驶人踩下加速踏板的位置或发动机进气歧管的真空度和汽车的行驶速度能指挥自动换挡系统工作，自动换挡系统中各控制阀不同的工作状态控制变速齿轮机构中离合器的分离与接合、制动器的制动与释放，并改变变速齿轮机构的动力传递路线，从而实现变速器挡位的变换。自动变速器的基本工作原理如图2-10所示。

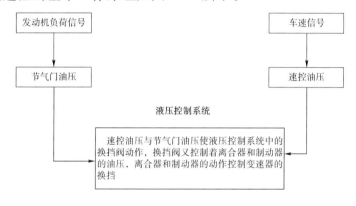

图2-10 自动变速器的基本工作原理

发动机负荷信号和输出轴转速信号是变速器自动换挡的基础控制信号。

传统的液压控制自动变速器根据汽车的行驶速度和节气门开度的变化，自动选择合适的挡位。其换挡控制方式是通过机械方式将车速和节气门开度信号转换成控制油压，并将该油压加到换挡阀的两端，以控制换挡阀的位置，从而改变换挡执行元件（离合器和制动器）的油路。这样，工作液压油进入相应的执行元件，使离合器接合或分离，制动器制动或松开，控制行星齿轮变速器的升挡或降挡，从而实现自动变速。液压控制自动变速器系统简图如图2-11所示。

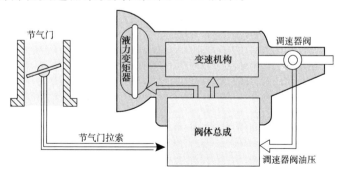

图2-11 液压控制自动变速器系统简图

电控液压自动变速器是在液压自动变速器基础上增设电子控制系统而形成的。它通过传感器和开关监测汽车和发动机的运行状态,接受驾驶人的指令,并将所获得的信息转换成电信号输入到电控单元。电控单元根据这些信号,通过电磁阀控制液压控制装置的换挡阀,使其打开或关闭通往换挡离合器和制动器的油路,从而控制换挡时刻和挡位的变换,以实现自动变速。电控液压自动变速器的工作过程如图2-12所示。

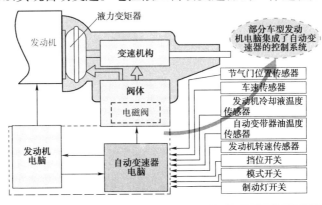

图2-12 电控液压自动变速器的工作过程示意图

引导问题4 ▶ 自动变速器的基本检查有哪些内容?

自动变速器的油位不当、油质不佳、联动机构调节不当以及发动机怠速不正常,是引起自动变速器故障的最常见原因之一。通常把对这些部件的检查与重新调整,称为自动变速器的基本检查。无论具体故障是什么,这种基本检查总是要首先进行的。基本检查和调整项目包括:油面检查、油质检查、液压控制系统漏油检查、节气门拉索检查和调整、变速杆位置检查和调整、空挡起动开关和怠速检查。

对于电子控制自动变速器而言,为了确定故障存在的部位,区分故障是由机械系统还是由电子控制系统引起的,还可进行手动换挡检查。

所谓手动换挡检查,就是将电子控制自动变速器所有换挡电磁阀的线束插头全部脱开,此时控制模块不能通过换挡电磁阀来控制换挡,自动变速器的换挡取决于变速杆的位置。不同车型的电子控制自动变速器在脱开换挡电磁阀线束插头后的挡位和变速杆的关系也不完全相同。

引导问题5 ▶ 自动变速器基本检查的工艺流程是怎样的?

自动变速器车辆出现故障,应按照自动变速器的基本检查工艺流程对车辆进行检查和维修,如图2-13所示。

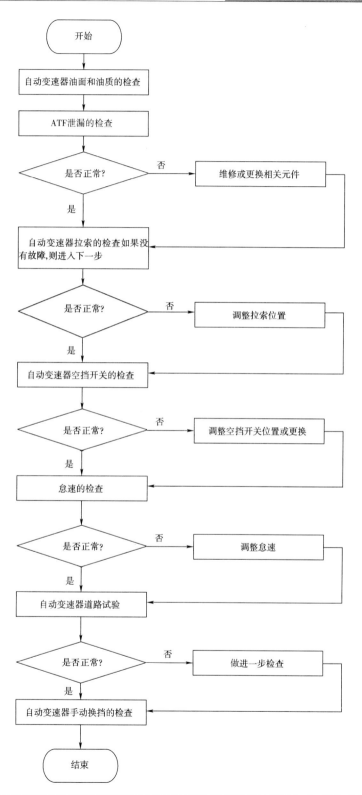

图2-13 自动变速器的基本检查工艺流程图

二 实施作业

引导问题6 作业前应该准备哪些工具和设备?

(1)座椅套、转向盘套、地板垫、车辆翼子板布、前格栅布、干净抹布。
(2)装备自动变速器的轿车。
(3)维修手册、工作记录表、评分表。

引导问题7 如何进行作业前的准备工作?

(1)现场安全确认:车辆、举升机、工位安全确认。
(2)车辆防护:翼子板布、前格栅布、座椅套、转向盘套、地板垫、车轮挡块。

引导问题8 通过查询和查找,你能找到以下信息吗?

请完成车辆基本信息表,见表2-3。

车辆基本信息表   表2-3

项　　目	具　体　信　息
车牌号码	
行驶里程	
发动机型号及排量	
车辆识别代码(VIN)	

引导问题9 如何进行自动变速器的基本检查?

　　此项作业是在完成学习任务一的基础上进行的。作业前请确认已经完成学习任务一的所有工作。

1 挡位开关的检查和调整

将变速杆置于各个挡位,检查挡位指示灯与变速杆位置是否一致,P位和N位时发动机能否起动,R 位时倒挡灯是否亮起。发动机应只能在空挡(N 位)和驻车挡(P 位)起动,其他挡位不能起动。

若有异常,应调节空挡起动开关螺栓和开关电路。卡罗拉 U340E 自动变速器空挡开关如图 2-14 所示。

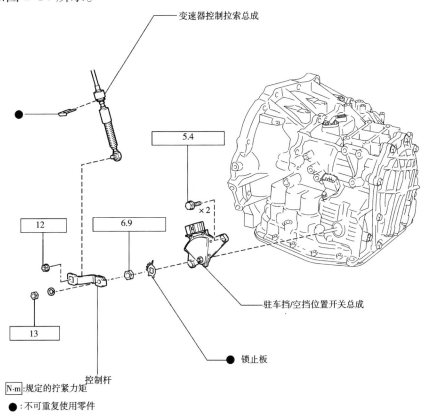

图 2-14 U340E 自动变速器空挡开关

如果在检查过程中发现挡位开关位置不正确,请按照表 2-4 的步骤进行调整。

挡位开关的调整与安装　　　　　　　表 2-4

步骤	项目	图示	内容
1	拆卸挡位开关		将变速杆置于 N 位,松开驻车挡/空挡位置开关的螺栓
完成情况:是□否□			

续上表

步骤	项目	图示	内容
2	调整挡位开关	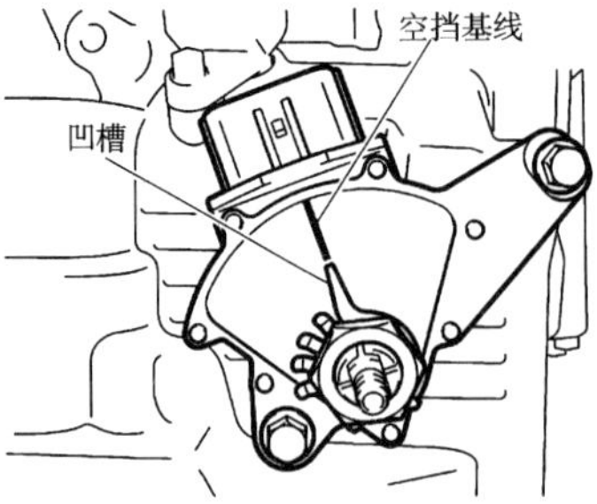	将凹槽与空挡基线对准
	完成情况:是□否□		
3	安装固定螺栓	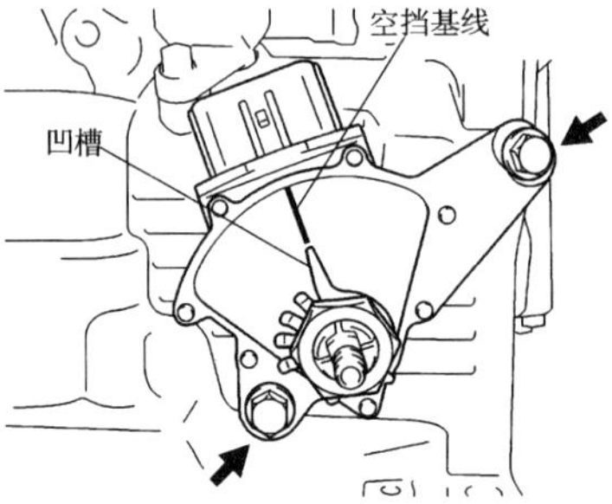	挡位开关的位置调好后,按规定力矩要求固定空挡开关
	完成情况:是□否□		
4	安装控制杆	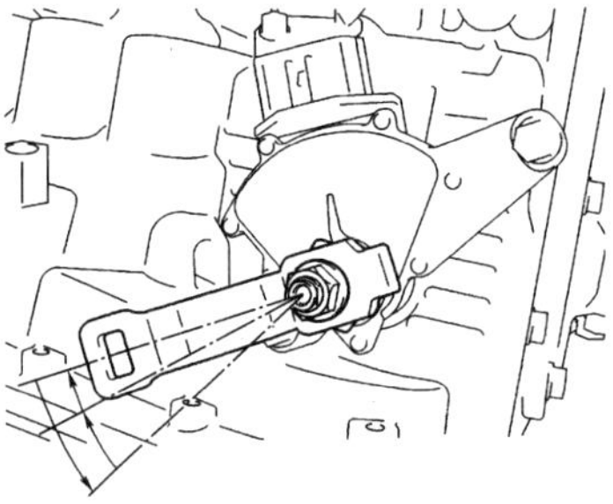	逆时针转动控制杆直到其停止,然后顺时针转动2个槽口
	完成情况:是□否□		

2 节气门拉索的检查和调整

> 由于卡罗拉轿车采用的是电子节气门控制,因此取消了节气门拉索。而对于节气门控制采用拉索式控制的普通车辆,还必须进行节气门拉索的检查和调整。

(1)节气门拉索的检查。节气门的开度将影响自动变速器的换挡时间,发动机熄火后,节气门应全闭,当加速踏板踩到底时,节气门应全开。节气门拉索的索芯不应松弛,索套端和索芯上限位之间的距离应为0~1mm,如图2-15所示。若节气门拉索调整不当,对于液压控制自动变速器,会导致换挡时刻不正常,造成过早或过迟换挡,使汽车加速性能变差或产生换挡冲击;对于电子控制自动变速器,会导致主油路压力异常,造成油压过低或过高,使换挡执行元件打滑或产生换挡冲击。

(2)节气门拉索的调整。

①推动加速踏板连杆,检查节气门是否全开,如节气门不全开,则应调整加速踏板连杆。

②把加速踏板踩到底,拧松调整螺母,调整节气门拉索,使橡胶套与节气门拉索止动器间的距离为0~1mm。

③拧紧调整螺母,重新检查调整情况。

3 怠速的检查

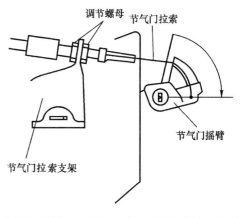

图2-15 节气门拉索的调整

发动机怠速不正常,特别是怠速过高,会使自动变速器工作不正常,出现换挡冲击等故障。因此,在对自动变速器做进一步的检查之前,应先检查发动机的怠速是否正常。检查怠速时应将自动变速器变速杆置于驻车挡(P位)或空挡(N位)。通常安装有自动变速器的汽车发动机怠速为750r/min。若发动机怠速过低或高,都应予以调整。

请在表2-5中记录检查调整结果。

车辆检查记录表　　　　　　　　　　　　　表2-5

车辆名称		登记号	
		登记年月日	/ /
		车架号	
检查日期	/ /	里程表读数	km
挡位指示灯	□正常		
换挡拨动情况	□各挡是否顺畅	□N位起动	□P位起动
	□窜动	□P位时制动灯亮	
发动机怠速	r/min	□稳定	
车辆行驶情况	□车辆不行驶　(□任何挡位　□特定挡位)		
	□接合不柔和　(□空接　□锁定　□任何挡位)		
	□滑移或打颤		
	□无自动跳合		
	□无模式选择		
	其他		

三 评价与反馈

请完成评价反馈表，见表2-6。

评 价 反 馈 表　　　　　　　表2-6

请根据你自己在工作中和课堂上的表现，对自己进行客观的评价，看看你能获得几颗星？

评价项目	5颗星	3颗星	1颗星	评价结果
知识掌握情况	掌握相关理论知识，并能运用到实际操作中，任务完成良好	基本能够理解相关理论知识，能够完成相应工作	对相关理论知识不明白，不能或者难以完成相应的工作	
动手实践情况	积极参加，做好安全保护工作，注重工作质量	会动手实践，安全保护措施到位，工作质量较好	出现安全隐患，不知道如何动手实践	
小组合作情况	与小组成员配合工作很愉快	与小组其他同学配合工作交流较少	没有与其他同学进行交流	
6S执行情况	值日认真，服从指挥，工位、工装整洁，职业形象好	值日较认真，出现迟到或其他违纪情况	出现忘记值日、工位或工装不整洁的情况	
哪些方面需要改进				
教师点评				
学生姓名		小组长签名		
教师签名		日期		

四 学习拓展

（1）自动变速器的基本检查项目有哪些？

（2）解释换挡位置符号P、R、N、D、S和L的含义。

项目二
液力变矩器与油泵的检查

 项目描述

学生通过对自动变速器的液力变矩器和油泵的拆装检查,学会对液力变矩器检测的基本方法,学会使用维修工具和设备对油泵进行检修。通过完成两个学习任务,掌握自动变速器中的液力变矩器和油泵常见故障的排除方法,为后续学习打下良好基础。

学习任务三 液力变矩器的检查

学习目标

◎ 知识目标
(1)叙述液力变矩器的基本结构和工作原理。
(2)能根据维修手册正确、规范地检查液力变矩器。
(3)掌握相关的环保、安全措施。

◎ 技能目标
(1)能简述液力变矩器的基本工作原理。
(2)能正确、规范检查液力变矩器。
(3)能正确使用工具和设备进行作业。

◎ 素养目标
(1)培养团队精神和集体主义观念。
(2)养成环境保护和安全工作的习惯。
(3)树立为客户服务的观念。

建议完成本学习任务的时间为 **6 课时**。

 学习任务描述

一辆卡罗拉 1.6AT 轿车在检修时,车主反映:自动变速器前部始终有异常响声,经检查判断故障部位在液力变矩器。需要你对液力变矩器进行检查,并排除故障。

 学习内容

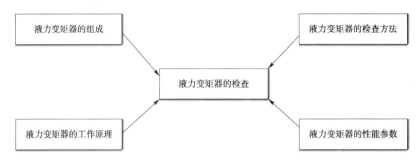

 注意事项

(1) 注意人身安全,认真执行 6S 管理。

(2) 工作过程中,保持工位环境整洁,按照环保要求对废物进行处理。

(3) 严格遵守拆装规程,避免人为损坏零部件。

一 资料收集

引导问题 1 液力变矩器的结构是怎样的?它的作用是什么?

液力变矩器的结构如图 3-1 所示。

图 3-1 液力变矩器结构图

液力变矩器主要由泵轮(主动部分)、涡轮(从动部分)、导轮(导向部分)、单向离合器、锁止离合器、前盖和后盖六部分组成。

液力变矩器的壳体安装在发动机飞轮上,泵轮与壳体焊接在一起,随发动机曲轴的转动而转动,是液力变矩器的主动部分,如图3-2所示。

涡轮和输出轴连接在一起,是液力变矩器的从动部分。泵轮和涡轮相对安装,统称为工作轮。

在泵轮和涡轮上有径向排列的平直叶片,泵轮和涡轮互不接触。两者之间有一定的间隙(3~4mm);泵轮与涡轮装合成一个整体后,其轴线断面一般为圆形,在其内腔中充满液压油。

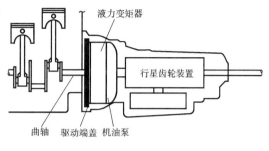

图3-2 液力变矩器安装位置图

导轮则位于泵轮和涡轮之间,并与泵轮和涡轮保持一定的轴向间隙,导轮安装在单向离合器上,通过油泵壳体花键固定于变速器壳体上。导轮的作用是改变涡轮上的输出转矩。由于从涡轮叶片下缘流向导轮的液压油仍有相当大的冲击力,只要将泵轮、涡轮和导轮的叶片设计成一定的形状和角度,就可以利用上述冲击力来提高涡轮的输出转矩。

单向离合器用于支撑导轮并控制导轮的旋转方向,单向离合器使导轮可以朝顺时针方向旋转(从发动机前面看),但不能朝逆时针方向旋转。单向离合器的内花键与油泵伸出的花键轴配合,固定在变速器壳体上。

前盖通过螺栓与发动机飞轮连接,后盖伸出轴套驱动油泵,前后盖焊接成一体,形成容纳变速器油的容器。

液力变矩器具有以下作用。

(1)作为自动离合器,使发动机在汽车不行驶时能起动和急速运转。

(2)在设计范围内自动平顺地调整输出转矩,使变速器的输出速度变化平顺。

(3)在变速器换挡时,吸收冲击,改善换挡平顺性。

(4)在低速或低挡位,起增扭作用,增加汽车的动力性。

(5)通过锁止机构工作,实现机械传动功能,提高燃油经济性。

(6)驱动油泵工作。

引导问题2 液力变矩器是怎样工作的?

发动机运转时带动液力变矩器的壳体和泵轮与之一同旋转,泵轮内的液压油在离心力的作用下，由泵轮叶片外缘冲向涡轮，并沿涡轮叶片流向导轮，再经导轮叶片内缘流向泵轮，形成循环的液流。从泵轮→涡轮→导轮→泵轮的液体循环流动，称为涡流，如图3-3所示。

自动变速器油在进行涡流的同时，又绕曲轴中心线旋转。液体绕变矩器中心轴线旋转的流动，称为环流。

1 汽车起步时

由于涡轮与变速器的输入轴连接，在起步前涡轮的转速为零，而此时泵轮以与发动机相同的转速旋转，使得泵轮与涡轮的转速差达到最大，此时的工作点称为失速点。在失速点，从涡轮流向导轮的高速液流冲击导轮叶片的正面，对导轮施加一个朝逆时针方向旋转的力矩，试图使导轮反向旋转，但这一运动被单向离合器阻止，导轮被单向离合锁止而固定不动，固定不动的导轮由于其叶片设计成一定的弯曲角度，改变了液流的方向，对液流产生了一个反作用力矩，此力矩作用在泵轮上，使从泵轮流向涡轮的力矩得以增大，这样使得涡轮容易克服阻力矩，车辆容易起步，如图3-4所示。

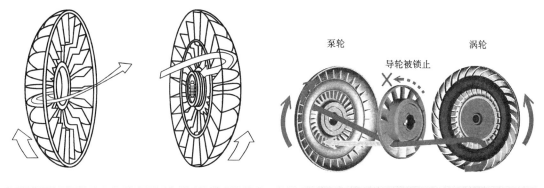

图3-3　环流与涡流　　　　　图3-4　变矩器在车辆低速时的工作情况

当汽车在液力变矩器输出转矩的作用下起步后，与驱动轮相连接的涡轮也开始转动，其转速随着汽车的加速不断增加。这时由泵轮冲向涡轮的液压油除了沿着涡轮叶片流动之外，还要随着涡轮一同转动，使得由涡轮下缘出口处冲向导轮的液压油的方向发生变化，不再与涡轮出口处叶片的方向相同，而是顺着涡轮转动的方向向前偏斜了一个角度，使冲向导轮的液流方向与导轮叶片之间的夹角变小，导轮上所受到的冲击力矩也减小，液力变矩器的增扭作用亦随之减小。车速越高，涡轮转速越大，冲向导轮的液压油方向与导轮叶片的夹角就越小，液力变矩器的增扭作用亦越小；反之，车速越低，液力变矩器的增扭作用就越小。因此，液力变矩器在汽车低速行驶时有较大的输出转矩，在汽车起步、上坡或遇到较大行驶阻力时，能使驱动轮获得较大的驱动转矩。

2 中、高速行驶时

当涡轮转速随车速的提高而增大到某一数值时，冲向导轮的液压油的方向与导轮叶片之间的夹角减小为零，这时导轮将不受液压油的冲击作用，若涡轮转速继续增大，液压油将从反面冲击导轮，对导轮产生一个顺时针方向的转矩。由于单向离合器在顺时针方向没有锁止作用，可以像轴承一样滑转，所以导轮在液压油的冲击作用下开始朝顺时针方向旋转。由于自由转动的导轮对液压油没有反作用力矩，液压油只受到泵轮和涡轮的反作用力矩的作用，如图3-5所示。因此这时该变矩器不能起增扭作用，导轮开始在单向离合器上旋转，液力变矩器失去增扭作用，其输出转矩等于输入转矩。导轮开始旋转的工作点称为耦合点，此时涡轮的转速接近泵轮的转速，液力变矩器失去增扭作用，其工作特性和液力耦合器相同，变矩器也处于高效率的工作范围。

图3-5 变矩器在车辆中、高速时的工作情况

由上述分析可知，液力变矩器是从失速点至耦合点的工作范围内按液力变矩器的特性工作，在耦合点之后按液力耦合器的特性工作。因此，变矩器既利用了液力变矩器在涡轮转速较低时所具有的增扭特性，又利用了液力耦合器涡轮转速较高时所具有的高传动效率的特性。

引导问题3 液力变矩器有哪些性能参数？

液力变矩器主要有以下性能参数：
（1）转速比 e：泵轮和涡轮转速的比值，即

$$转速比 = 涡轮轴输出轴转速/泵轮轴输入轴转速 \tag{3-1}$$

（2）变矩比 t：泵轮和涡轮转矩的比值，即液力变矩器的输入转矩和输出转矩的比值，计算公式为

$$变矩比 = 涡轮轴输出转矩/泵轮轴输入转矩 \tag{3-2}$$

（3）传动效率 η：传动效率是指液力变矩器的转换效率，即液力变矩器的输入功率和输出功率之间的比值，反映了泵轮与涡轮间的能量传递效率，计算公式为

$$传动效率 = 输出功率/输入功率 \times 100\% \tag{3-3}$$

转速比是连接输入轴转速泵轮和输出轴涡轮工作情况的桥梁，液力变矩器的性能曲线如图3-6所示。

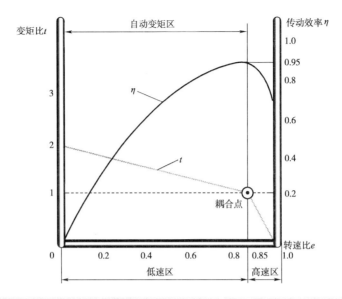

图3-6 变矩器性能曲线图

转速比位于曲线图中的横坐标轴 X 轴,如果转速比 e 等于零,涡轮处于静止状态,这一时刻称为失速点。由于导轮此时将油液沿着与发动机旋转相同的方向再次导流回泵轮内,因此传送到涡轮的转矩在此时达到最大值。

在右侧的纵坐标轴 Y 轴上,我们可以看到传动效率 η 的坐标,此坐标轴表示变矩器的输入功率和所实现的输出功率之间的关系,失速点所对应的传动效率为零,因为变矩器此时处于空转状态,因此不做功,随着输出轴的转速开始上升传动效率逐渐提高,并在图中所示的转速比为 0.65 处达到约 84% 的最大值,但是随着涡轮转速和泵轮转速逐渐趋向一致,油液开始冲击到导轮叶片的背面,从而导致传动效率下降,单向离合器在此刻开始工作,变矩器变为单纯的液力耦合器,这一点称为耦合点。

从耦合点开始传动效率再次提高并趋于 100%,但是由于泵轮和涡轮之间始终存在一定程度的相对滑动,变矩器无法实现 100% 的传动效率。

在左侧的纵坐标轴 Y 轴上我们可以看到变矩比 t 的坐标,它所代表的是输入转矩和实际输出转矩之间的关系,我们还可以看到当涡轮处于静止状态时,输出转矩为输入转矩的 2 倍,这是因为回流油液的作用力与变矩器所产生的初始力相互叠加,使涡轮获得了与输入转矩相同的附加转矩,附加转矩在失速点达到最大值。

随着涡轮的转速和泵轮转速逐渐趋向一致,变矩比不断下降并在耦合点变为 1:1,变矩器转变为液力耦合器。不同类型的变矩器能够产生不同的变矩比,其变化范围为 (1.8~2.8):1。通过改变变矩器中的叶片或轮叶的形状,我们可以使变矩器的输出转矩与发动机的转矩特性达到匹配,这种设计提高了车辆的动力性能,从而使车辆的加速性或经济性得到改善。

引导问题4 液力变矩器中锁止离合器的结构是怎样的?

变矩器是用液压来传递汽车动力的,而液压油的内部摩擦会造成一定的能量损失,因此传动效率较低。为提高汽车的传动效率,减少燃油消耗,现代很多轿车的自动变速器采用一种带锁止离合器的综合式液力变矩器。

当变矩器达到偶合点时,涡轮和泵轮将以几乎相等的转速旋转,但是变矩器的输入侧和输出侧之间仍然存在着一定程度的相对滑动和功率损失,在这种情况下锁止离合器将涡轮与泵轮完全锁止,从而在较高转速下消除任何相对滑动,锁止离合器通过向锁止活塞施加液压,使锁止活塞将泵轮和涡轮以机械方式锁定在一起,从而实现锁止状态。

锁止离合器的主动盘即为变矩器壳体,从动盘是一个可做轴向移动的压盘,它通过花键套与涡轮连接,如图3-7所示。压盘背面(图中右侧)的液压油与变矩器泵轮、涡轮中的液压油相通,保持一定的油压(该压力称为变矩器压力);压盘左侧(压盘与变矩器壳体之间)的液压油通过变矩器输出轴中间的控制油道与阀板总成上的锁止控制阀相通。锁止控制阀由自动变速器控制模块通过锁止电磁阀来控制。

图3-7 带锁止离合器的综合式液力变矩器

引导问题5 锁止离合器是如何工作的?

自动变速器控制模块根据车速、节气门开度、发动机转速、变速器液压油温度、变速杆位置、控制模式等因素,按照设定的锁止控制程序向锁止电磁阀发出控制信号,操纵锁止控制阀,以改变锁止离合器压盘两侧的油压,从而控制锁止离合器的工作,如图3-8所示。

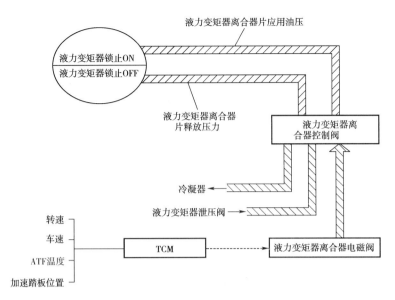

图 3-8 电子控制锁止离合器

1 当变矩器未锁止时

在车速未达到规定值之前,速度切断阀和锁止离合器控制阀均被复位弹簧的作用力推向右侧,由于锁止离合器控制阀的通路 A 在此状态下打开,油泵供给油液中的一部分油液将通过输入轴内的油液通路供给到锁止活塞的前部,因此施加在锁止活塞前部和后部的油压相等,离合器的端面不会被推向泵轮,如图3-9 所示。此时变矩器处于标准工作状态。发动机的动力通过从泵轮流向涡轮的油液进行传递。

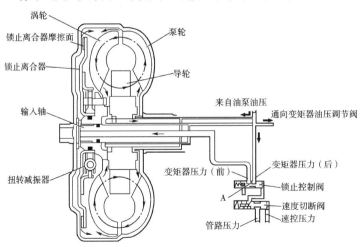

图 3-9 变矩器未锁止时的油路

变矩器未锁止时动力传递路线如图 3-10 所示。

发动机飞轮 → 变矩器前盖 → 变矩器后盖 → 变矩器泵轮 → 变矩器涡轮 → 涡轮轴

图 3-10　变矩器未锁止时动力传递路线

2 当变矩器锁止时

与车速成比例关系的速控压力,将通过速度切断阀的右侧导入,当速控压力达到规定值时,将克服弹簧力的作用,速度切断阀随之向左侧移动,这将导致管路压力回路 B 接通,从而使管路压力作用在锁止离合器控制阀的右侧,锁止离合器控制阀随之向左移动,从而使作用在锁止活塞前端的压力通过回路 C 释放,与此同时由于回路 D 关闭,作用在锁止活塞后端的压力仍保持不变,这样锁止活塞前后两端之间形成压力差,锁止活塞在保持其后端压力的情况下被向前推动,锁止活塞在运动过程中不断将涡轮推向变矩器壳体,最终使泵轮和涡轮作为一个整体部件一起旋转,如图 3-11 所示。如果节气门持续位于全开位置附近,管路压力将克服速控压力,从而阻止液力变矩器进入锁止状态。

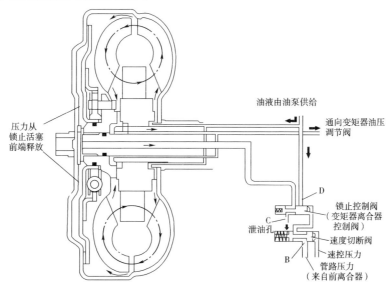

图 3-11　变矩器锁止时的油路

变矩器锁止时动力传递路线如图 3-12 所示。

发动机飞轮 → 变矩器前盖 → 锁止离合器 → 涡轮 → 涡轮轴

图 3-12　变矩器锁止时动力传递路线

可见在发生锁止时,由压盘直接传递至涡轮输出,即把涡轮与前盖连成一体,直接把发动机动力传递给涡轮轴,不再经过液压传递,传动效率为 100%。另外,锁止离合器在接合时还能减少变矩器中的液压油因液体摩擦而产生的热量,有利于降低液压油的温度。有些车型的液力变矩器的锁止离合器盘上还安装有减振弹簧,以减小锁止离合器在接合时产生的振动。

引导问题6 变矩器的检查工艺流程是怎样的?

自动变速器前端异响,需要按照变矩器的检查工艺流程检查变矩器是否损坏,工艺流程如图3-13所示。

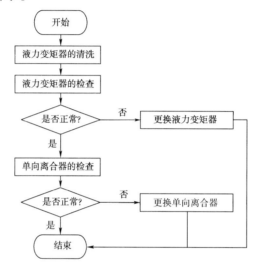

图3-13 液力变矩器检查流程图

二 实施作业

引导问题7 液力变矩器的检查作业前应该准备哪些工具和设备?

(1)自动变速器工作台、常用工具。
(2)百分表和表座、ATF、抹布、油盆、气枪。
(3)维修手册、工作记录表、评分表。

引导问题8 如何进行作业前的准备工作?

(1)现场安全确认:车辆、举升机、工位安全确认。

(2)车辆防护:翼子板布、前格栅布、座椅套、转向盘套、地板垫、车轮挡块。

引导问题9 通过查询和查找,你能找到以下信息吗?

请完成车辆基本信息表,见表3-1。

车辆基本信息表 表3-1

项　目	具体信息
车牌号码	
行驶里程	
发动机型号及排量	
车辆识别代码(VIN)	

引导问题10 如何进行液力变矩器的基本检查?

轿车自动变速器的液力变矩器的外壳是采用焊接式的整体结构,不可分解。液力变矩器内部除了导轮的单向超越离合器和锁止离合器压盘之外,没有互相接触的零件。液力变矩器的检修工作主要是清洗和检查。

请查阅维修手册,根据以下步骤进行作业并填写作业记录表,见表3-2。

变矩器基本检查表 表3-2

检查项目	检查结果	检查结果分析
变矩器的清洗		
变矩器外部检查		
变矩器轴套的检查		
单向离合器的检查		
涡轮轴的检查		

1 液力变矩器的清洗

自动变速器的油污染,多表现为在油中可见到金属粉末。此金属粉末大部分来自多片离合器上的磨耗。

(1)倒出变矩器中残留的ATF。

(2)向变矩器内加入干净的ATF,以清洗其内部,然后将ATF倒出。

(3)再次向变矩器内加入干净的ATF,清洗后倒出。

(4)用清洗剂清洗变矩器零部件,只能用压缩空气吹干,不要用纸巾或棉丝擦干。

(5)用压缩空气吹所有的供油孔或油道,确保清洁。

清洗时,也可加入专用的清洗剂,在清洗台上一边旋转变矩器,一边不停地注入压缩空气,以便使清洗剂作用得彻底。为取出清洗剂,可在变矩器最外侧较平的面上,在两叶片之间钻一个孔(用钻床钻一个正圆的孔),将孔向下放置15min后,变矩器内原有变速器液压油就可排出,然后从变矩器轴孔处加入清洗剂或挥发性好的汽油,进行内部清洗,再次将钻孔向下时,清洗剂又可流出,这样反复作业2~3次,最后用压缩空气吹干,再用铆钉将钻孔封死。注意不能采用先切开变矩器,洗净后再焊接的方法进行清洗,因为若这样做,会损伤变矩器的内部,产生变形。

从外侧钻孔清洗的方法,属于一般的方法,其方法存在着损伤变矩器和清洗不够彻底等缺点。简易的方法是将压缩空气自下而上吹入液力变矩器,同时不断地转动变矩器,或用手上下晃动进行清洗,然后再按前述方法吹出、排净。需要注意的是,清洗后一定要干燥;否则,残留的汽油或清洗剂与新注入的变速器液压油混合,会导致液压油变质。

2 液力变矩器的检查

(1)检查液力变矩器外部有无损坏和裂纹、轴套外径有无磨损、驱动油泵的轴套缺口有无损伤。如有异常,应更换液力变矩器。

(2)单向离合器的检查。

①将检查工具插入安装在单向离合器外座圈的轴承支座凹槽中,如图3-14所示。

②使用检查工具固定轴承支座时,用螺丝刀旋转单向离合器的花键。

③检查内座圈是否只能顺时针转动。如果不是,则更换液力变矩器总成。

3 涡轮轴——变速器输入轴的检查

涡轮轴也是变速器输入轴,涡轮轴将转矩从液力变矩器涡轮传送到离合器组件,输入轴上的O形圈负责保持变矩器进行锁止操作所需要的油压,如图3-15所示。

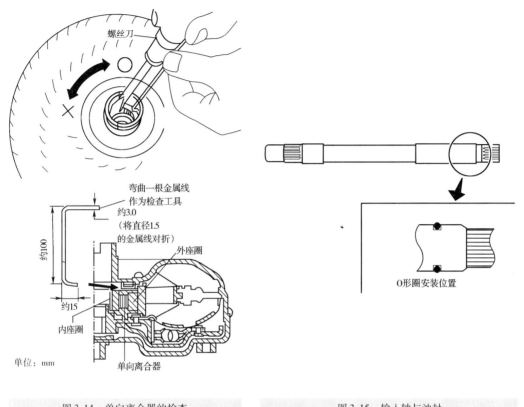

图3-14 单向离合器的检查　　　　图3-15 输入轴与油封

每次对变速器的输入轴进行安装时,必须检查输入轴上的花键是否发生损坏,检查时要特别注意O形圈部位,如果O形圈出现损伤,可能导致锁止回路内的压力下降,进而阻碍锁止操作的进行。此外O形圈在使用一段时间后可能由于磨损而嵌入变矩器的表面,如果发生这种现象变矩器表面可能形成磨损沟槽,且自动变速器油可能开始出现内部泄漏。

如果输入轴的花键或O形圈发生损坏,其症状为选择前进挡后车辆不行驶,或由于O形圈处的泄漏而使变矩器锁止失效。上述情况通常是由于安装过程中操作不当而造成的。

三 评价与反馈

请完成评价反馈表,见表3-3。

评 价 反 馈 表   表 3-3

请根据你自己在工作中和课堂上的表现,对自己进行客观的评价,看看你能获得几颗星?

评价项目	5 颗星	3 颗星	1 颗星	评价结果
知识掌握情况	掌握相关理论知识,并能运用到实际操作中,学习任务完成良好	基本能够理解相关理论知识,能够完成相应工作	对相关理论知识不明白,不能或者难以完成相应的工作	
动手实践情况	积极参加,做好安全保护工作,注重工作质量	会动手实践,安全保护措施到位,工作质量较好	出现安全隐患,不知道如何动手实践	
小组合作情况	与小组成员配合工作很愉快	与小组其他同学配合工作交流较少	没有与其他同学进行交流	
6S 执行情况	值日认真,服从指挥,工位、工装整洁,职业形象好	值日较认真,出现迟到或其他违纪情况	出现忘记值日、工位或工装不整洁的情况	
哪些方面需要改进				
教师点评				
学生姓名		小组长签名		
教师签名		日期		

四 学习拓展

(1)液力变矩器的作用是什么?

(2)液力变矩器由哪些部件组成?主动部件和从动部件分别是什么?

(3)简答什么叫涡流?什么叫环流?

学习任务四　自动变速器油泵的拆装检查

◎ 知识目标
(1) 能够叙述自动变速器液压系统的组成和作用。
(2) 能够叙述油泵的基本结构和工作原理。

◎ 技能目标
(1) 能正确、规范地拆装和检查油泵。
(2) 能了解与油泵相关的故障现象。
(3) 能正确实施与油泵拆装检查相关的环保、安全措施。

◎ 素养目标
(1) 能够制订工作计划,独立完成工作任务。
(2) 能够在工作过程中,与小组其他成员合作、交流并进行任务分工,具备团队合作和安全操作的意识。

建议完成本学习任务的时间为4课时。

学习任务描述

一辆装备自动变速器的威驰轿车在检修时,车主反映:自动变速器出现打滑的现象。需要你对油泵进行检修,确定故障部位并排除故障。

学习内容

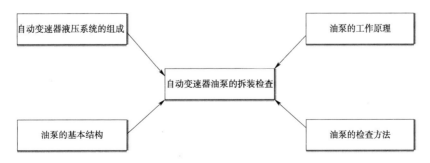

注意事项

(1) 注意人身安全,认真执行6S管理。

(2)工作过程中,保持工位环境整洁,按照环保要求对废物进行处理。
(3)严格遵守拆装规程,避免人为损坏零部件。

一 资料收集

引导问题1 自动变速器液压系统有何作用？它由哪些部件组成？

自动变速器液压系统主要有以下作用：
(1)向变矩器提供变速器油液。
(2)控制油泵产生的油压。
(3)将发动机负荷及车速转换成液压信号。
(4)向离合器及制动器等执行机构提供工作油压。
(5)向变速器各运动部件提供润滑。
(6)为变矩器和变速器提供散热。

液压系统基本组成如图4-1所示,主要由供油系统、液压控制系统和冷却系统三部分组成。

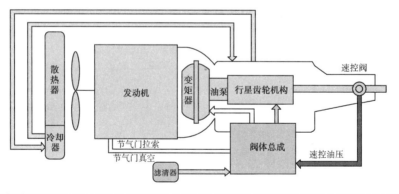

图4-1 液压系统基本组成

图4-2 油泵

1 供油系统

供油系统由油泵、油箱、滤清器、调压阀及管路组成。

供油系统的作用是向变速器各部分提供具有一定油压、足够流量、合适温度的液压油。油压的调节由调压阀来实现。油泵是整个系统的心脏,其结构如图4-2所示。

2 液压控制系统

液压控制系统由阀体和各种控制阀及油路组成,阀门和油路设置在一个板块内,称为阀体总成。U340E 自动变速器阀体的组成如图 4-3 所示。

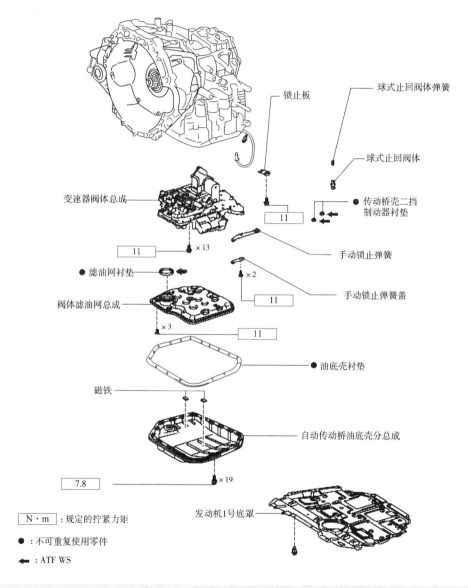

图 4-3　U340E 自动变速器阀体的组成

液压控制系统的作用是将发动机载荷(节气门开度)和车速(调速阀)转化为不同的液压,并由此确定换挡正时,控制换挡品质,同时控制锁止离合器工作,此外还必须对油压进行调节控制,保证系统正常的工作油压。

换挡正时控制主要是指液压控制系统根据车辆行驶状况,确定合适的挡位及合适的升降挡时刻。换挡正时控制是通过换挡阀来实现的,换挡阀的控制有全液压式和电子控制式两种。

3 冷却系统

由于自动变速器在工作过程中产生大量的热量,容易使 ATF 温度上升,过高的温度使 ATF 产生大量的气泡,导致自动变速器工作不可靠。因此冷却系统的主要作用是保持 ATF 的正常工作温度。冷却系统主要由散热器、冷却管组成,如图 4-4 所示。冷却系统由油泵提供动力使油液在系统内循环,带走热量,如图 4-5 所示。

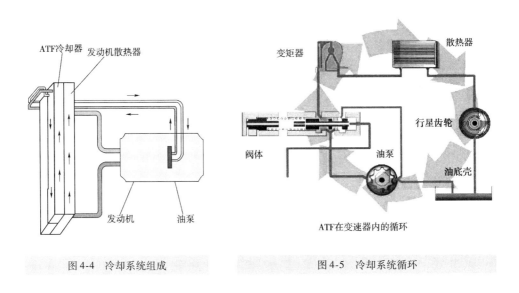

图 4-4　冷却系统组成　　　　　　　图 4-5　冷却系统循环

引导问题 2　自动变速器液压系统的基本工作原理是什么?

液压系统中的所有油压均由油泵提供,从油泵出来的油压经主调压阀调节后形成与车辆行驶速度相关的管路油压,管路油压经手动阀施加在阀体的各换挡阀上,节气门阀产生与汽车行驶工况相适应的节气门油压,施加在换挡阀的一端,与速控阀产生的油压相比较,决定换挡正时,控制相应的离合器和制动器工作,实现自动换挡,如图 4-6 所示。另外管路压力经二次调压阀调节后,流进变矩器作为变矩器工作油压,同时还传送到各部件进行润滑,形成润滑油压。油液经散热器冷却后流回到油底壳。

项目二　液力变矩器与油泵的检查

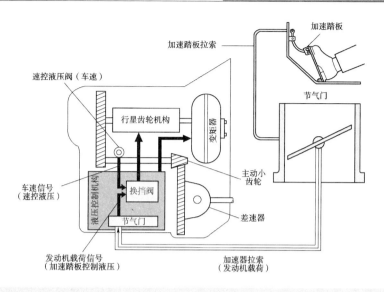

图 4-6　液压控制原理

引导问题 3　自动变速器液压系统中有哪些典型油压？各有何作用？

为了保证自动变速器正常工作，液压系统中存在着多种不同的油压，这些油压相互配合工作，主要包括节气门油压、管路油压、变矩器及润滑油压、速控油压四种油压，如图 4-7 所示。

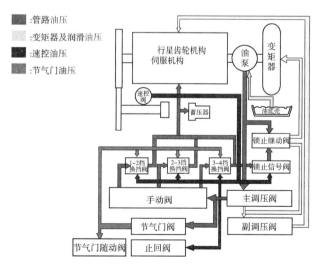

图 4-7　典型的油压

不同的油压在系统中所起的作用不同，各液压在系统中协调工作，它们的功能见表 4-1。

不同油压的作用 表 4-1

液　压	功　能
管路油压	由主调压阀产生,使离合器和制动器运作,也是其他液压(速控液压、节气门液压)的来源,是最基本、最重要的压力
变矩器及润滑油压	由副调压阀产生,为变矩器供应 ATF,润滑壳体和轴承,并将油压传送至冷却器
节气门油压	由节气门阀根据节气门的开度产生
速控油压	由速控阀根据车速产生,它与节气门液压之差是决定换挡点的关键因素

引导问题 4 ▶ 油泵有哪几种类型？油泵是怎样工作的？

油泵是自动变速器中最重要的总成之一,它通常安装在变矩器的后方,由变矩器壳后端的轴套驱动。在变速器的供油系统中,常用的油泵有内啮合齿轮泵、转子泵和叶片泵。

由于自动变速器的液压系统属于低压系统,其工作油压通常不超过 2MPa,所以应用最广泛的仍然是内啮合齿轮泵。

1 内啮合齿轮泵的结构

内啮合齿轮泵主要由从动齿轮、主动齿轮、月牙形隔板、泵体、前端盖等组成,图 4-8 所示为典型的内啮合齿轮泵及其主要零件的外形。

主动齿轮和从动齿轮紧密地安装在泵体的内腔里,两者均为渐开线齿轮;月牙形隔板的作用是将主动齿轮和从动齿轮隔开。从动齿轮和主动齿轮紧靠着月牙形隔板,但不接触,有微小的间隙。泵体是铸造而成的,经过精加工,泵体内有很多油道,有进油口和出油口,有的还有阀门或电磁阀。泵盖也是一个经精加工的铸件,也有很多油道。泵盖和泵体用螺栓连接在一起。

2 内啮合齿轮泵的工作原理

如图 4-9 所示,月牙形隔板将主动齿轮与从动齿轮之间空出的容积分隔成两个部分,在齿轮旋转时齿轮的轮齿由啮合到分离的那一部分,其容积由小变大,称为吸油腔;齿轮由分离进入啮合的那一部分,其容积由大变小,称为压油腔。由于从动齿轮、主动齿轮的齿顶和月牙形隔板的配合是很紧密的,所以吸油腔和压油腔是互相密封的。当发动机运转时,变矩器壳体后端的轴套带动主动齿轮和从动齿轮一起按图中顺时针方向运转,此时在吸油腔内,由于主动齿轮和从动齿轮不断退出啮合,容积不断增加,以致形成局部真空,将油底盘中的液压油从进油口吸入,且随着齿轮旋转,齿间的液压油被带到压油腔;在压油腔,由于主动齿轮和从动齿轮不断进入啮合,容积不断减少,将液压油从出油口排出。油液就这样源源不断地输往液压系统。

油泵的理论泵油量等于油泵的排量与油泵转速的乘积。内啮合齿轮泵的排量取决于从动齿轮的齿数、模数及齿宽。油泵的实际泵油量会小于理论泵油量,因为油泵的各密封间隙处有一定的泄漏。其泄漏量与间隙的大小和输出压力有关。间隙越大、压力越高,泄漏量就越大。

内啮合齿轮泵是自动变速器中应用最为广泛的一种油泵,它具有结构紧凑、尺寸小、质量轻、自吸能力强、流量波动小、噪声低等特点。

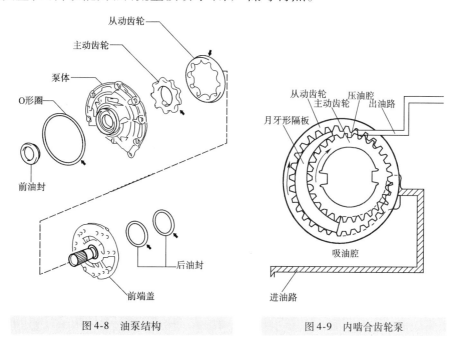

图4-8 油泵结构　　　　　图4-9 内啮合齿轮泵

3 调压装置

自动变速器的供油系统中,必须设置油压调节装置。一方面是因为油泵泵油量是变化的。自动变速器的油泵是由发动机直接驱动的,油泵的理论泵油量和发动机的转速成正比,为了保证自动变速器的正常工作,当发动机处于最低转速工况(怠速)时,供油系统中的油压应能满足自动变速器各部分的需要,防止油压过低使离合器、制动器打滑,影响变速器的动力传递,但如果只考虑怠速工况,由于发动机在怠速工况下的转速(750r/min左右)和最高转速(6000r/min左右)之间相差太大,所以当发动机高速运转时,油泵的泵油量将大大超过自动变速器各部分所需要的油量和油压,导致油压过高,增加发动机的负荷,并造成换挡冲击。另一方面是因为自动变速器中各部分对油压的要求也不相同。因此,要求供油系统提供给各部分的油压和流量应是可以调节的,即在阀体中还有各种油压调节阀。

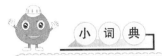

自动变速器液压系统的工作主要应用了帕斯卡定律。因此了解帕斯卡定律对学习自动变速器非常重要。

(1)帕斯卡定律是流体力学中的一个基本定律,是17世纪法国科学家布莱斯帕斯卡发现的。帕斯卡定律定义如下:

施加在密闭容器中液体的压强能够被液体大小不变地向各个方向传递。

帕斯卡定律阐明了液体传递压强的规律,说明了密闭受压液体的两个重要现象:

①作用在液体上的压强大小不变地在液体内部传递;

②在密闭容器内各处的压强大小相等。

(2)压力与压强。压力与压强是两个不同的概念,必须加以区别。压力是一种力,它的国际单位是牛顿(N),压强是指单位面积所受的力,国际单位是帕斯卡(Pa)。它们的关系用下式表示:

$$压强(p) = 压力(F)/受力面积(S)$$

压强的常用单位还有:N/m^2(牛/平方米)、kPa(千帕)、bar(巴)、psi(磅/平方英寸)、atm(标准大气压)、mmHg(毫米汞柱)、kgf/cm^2(千克力/平方厘米)等,它们的换算关系如下:

$$1Pa = 1N/m^2$$
$$1kPa = 1000Pa$$
$$1bar = 1 \times 10^5 Pa$$
$$1psi = 0.06805atm$$
$$1atm = 1.01325 \times 10^5 Pa$$
$$1mmHg = 133.322Pa$$
$$1kgf/cm^2 = 0.98 \times 10^5 Pa$$

(3)帕斯卡定律的应用。两个连通的容器(A和B)内充满了液体,容器A和B的上方分别作用有面积不同的活塞,容器A上方的活塞面积为$10cm^2$,容器B上方的活塞面积为$100cm^2$。当活塞A上方作用有1kgf的外力时,如图4-10所示,即在液体上产生的压强为

$$p = F/S = 1kgf/10cm^2 = 0.1kgf/cm^2$$

根据帕斯卡定律,液体作用在活塞B上的压强也等于$0.1kgf/cm^2$。因此

活塞 B 受到的压力为

$$F = p \times S = 0.1 \mathrm{kgf/cm^2} \times 100 \mathrm{cm^2} = 10 \mathrm{kgf}$$

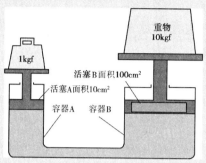

图 4-10 帕斯卡原理示意图

可见作用在面积较小的活塞 A 上方 1kgf 的外力,经过液体传递给较大面积的活塞后被放大了 10 倍。由此可见,利用液压传动装置,可以使液压增大,像杠杆一样举起重物。通过增大受压活塞的面积可以实现这一目标。

引导问题5 油泵的检查工艺流程是怎样的?

油泵提供的压力不足是自动变速器打滑的原因之一,当检测油压不足时,需要按照油泵的检查工艺流程检查油泵是否损坏,其工艺流程如图 4-11 所示。

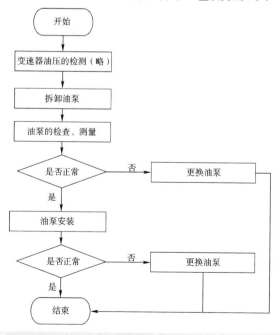

图 4-11 油泵拆装检查工艺流程图

二、实施作业

引导问题6 油泵的检查作业前应该准备哪些工具和设备?

(1)自动变速器工作台、常用工具。
(2)百分表和表座、ATF、抹布、油盆、气枪、塞尺。
(3)维修手册、工作记录表、评分表。

引导问题7 如何进行作业前的准备工作?

(1)现场安全确认:车辆、举升机、工位安全确认。
(2)车辆防护:翼子板布、前格栅布、座椅套、转向盘套、地板垫、车轮挡块。

引导问题8 通过查询和查找,你能找到以下信息吗?

请完成车辆基本信息表,见表4-2。

车辆基本信息表　　　　　　　　　　　　　　　表4-2

项　目	具 体 信 息
车牌号码	
行驶里程	
发动机型号及排量	
车辆识别代码(VIN)	

引导问题9 如何进行油泵的基本检查?

请根据油泵检查表进行作业,见表4-3。

油泵检查表　　　　　　　　　　　　　　　　　表4-3

步骤	图　　示	内　　容	完成情况
1	 密封圈 ⊗每次解体后都要更换	拆卸油泵两个密封圈。 注意:不要用力过度,防止折断密封圈	是□　否□

续上表

步骤	图 示	内 容	完成情况
2	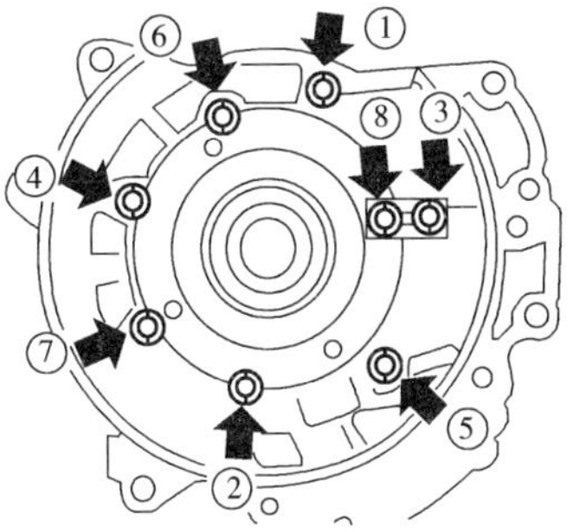	拆卸固定螺栓,对角松开螺栓,拆下泵盖	是□ 否□
3	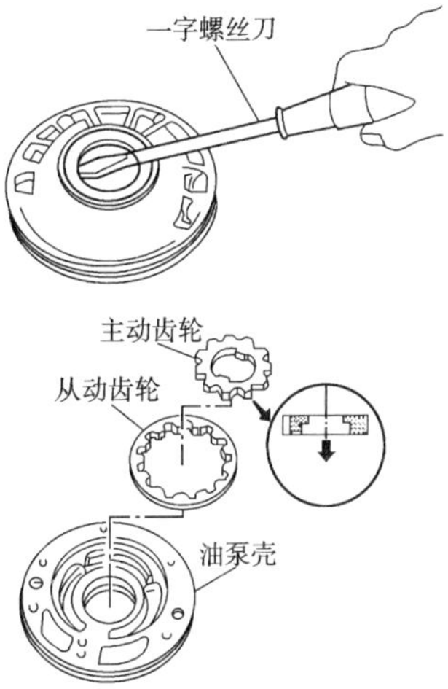	分解油泵,按顺序摆放,用一字螺丝刀拆下前油封	是□ 否□
4	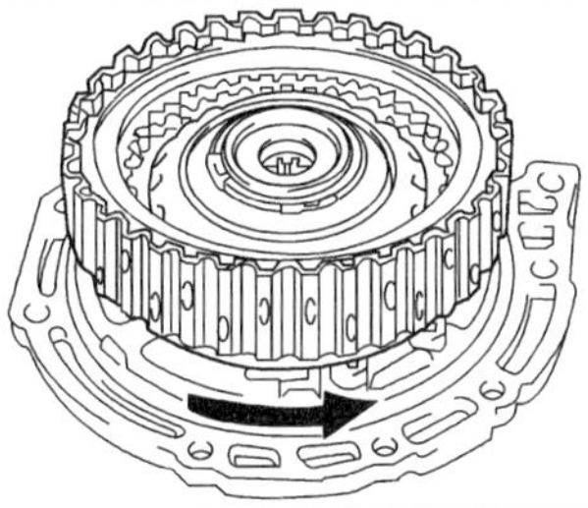	将输入轴总成安装到前端盖总成上,检查并确认输入轴总成旋转平稳。 注意:如果运动不稳或发出异常噪声,则换上新的前端盖总成。 更换时检查输入轴与轴承的接触面,如果发现损坏或变色,则换上新的输入轴	是□ 否□
5	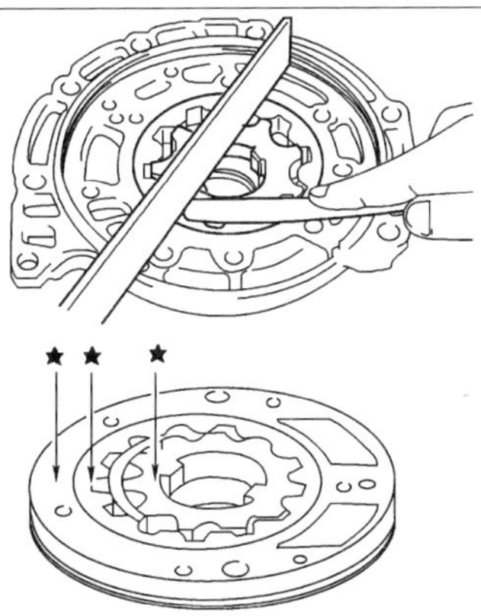	用钢直尺和塞尺测量这两个齿轮的侧隙。 标准侧隙:0.02~0.05mm 最大侧隙:0.05mm 如果侧隙大于最大值,则更换主动齿轮、从动齿轮或泵体	是□ 否□

续上表

步骤	图　示	内　容	完成情况
6	（塞尺）	检查油泵齿轮间隙。 (1)测量从动齿轮齿顶和主动齿轮齿顶的间隙。 标准齿顶间隙：0.07～0.15mm 最大齿顶间隙：0.15mm 如果齿顶间隙大于最大值，则更换油泵总成。 (2)将从动齿轮推向泵体一侧，用塞尺测量间隙。 标准泵体间隙：0.10～0.15mm 最大泵体间隙：0.15mm 如果泵体间隙大于最大值，则更换油泵总成	是□　否□
7	（标记）	(1)安装前油泵从动齿轮。在油泵从动齿轮上涂ATF，然后将其安装至油泵体，有标记的一面朝上。 (2)安装前油泵主动齿轮。在油泵主动齿轮上涂ATF，然后将其安装至油泵体，有标记的一面朝上	是□　否□
8		安装前油泵体O形圈。在新的油泵体O形圈上涂ATF，并将其安装至油泵	是□　否□

请把检查结果记录在表4-4中。

油泵检查记录表　　　　　　　　　　　　表4-4

检查项目		检查结果	检查结果分析
油泵外部检查（是否存在变形、裂纹等）			
1	密封圈情况		
2	油封和油环情况		
3	轴套情况		
4	壳体情况		
油泵侧隙			
油泵从动齿轮与壳体的间隙			
从动齿轮与主动齿轮间隙			

三 评价与反馈

请完成评价反馈表,见表4-5。

评 价 反 馈 表　　　　　　　　　表4-5

请根据你自己在工作中和课堂上的表现,对自己进行客观的评价,看看你能获得几颗星?

评价项目	5颗星	3颗星	1颗星	评价结果
知识掌握情况	掌握相关理论知识,并能运用到实际操作中,任务完成良好	基本能够理解相关理论知识,能够完成相应工作	对相关理论知识不明白,不能或者难以完成相应的工作	
动手实践情况	积极参加,做好安全保护工作,注重工作质量	会动手实践,安全保护措施到位,工作质量较好	出现安全隐患,不知道如何动手实践	
小组合作情况	与小组成员配合工作很愉快	与小组其他同学配合工作交流较少	没有与其他同学进行交流	
6S执行情况	值日认真,服从指挥,工位、工装整洁,职业形象好	值日较认真,出现迟到或其他违纪情况	出现忘记值日、工位或工装不整洁的情况	
哪些方面需要改进				
教师点评				
学生姓名		小组长签名		
教师签名		日期		

四 学习拓展

(1)自动变速器液压系统有哪些典型的油压?各有何作用?

（2）简述内啮合齿轮泵的组成。

（3）简述内啮合齿轮泵的工作原理。

项目三 离合器和制动器的拆装检查

项目描述

离合器和制动器是自动变速器的重要执行元件,离合器和制动器工作不良或失效,将导致变速器换挡困难、加速不良甚至无法行驶等故障。学生通过完成三个学习任务,掌握自动变速器中离合器和制动器的组成及工作原理,能规范使用自动变速器维修专用工具和设备对自动变速器的执行元件进行拆装及检查;同时掌握自动变速器维修的基本要求和规范,为后续的项目学习打下良好的基础。

学习任务五 离合器的拆装检查

学习目标

◎ 知识目标
(1)能够叙述离合器的作用及组成。
(2)能够叙述离合器的基本工作原理。
(3)能够向客户正确描述自动变速器打滑的故障原因。

◎ 技能目标
(1)能够使用各种媒体查阅所需资料。
(2)能够制订自动变速器的拆装计划、流程。
(3)能规范正确地使用自动变速器维修专用工具和设备。
(4)能根据维修手册,安全规范地分解、组装各换挡执行元件,并能进行检查、记录结果。

◎ **素养目标**

(1)能够制订工作计划,独立完成工作任务。

(2)能够在工作过程中,与小组其他成员合作、交流并进行任务分工,具备团队合作和安全操作的意识。

(3)养成服从管理,规范作业的良好工作习惯。

(4)培养安全工作的习惯。

 建议完成本学习任务的时间为 **6** 课时。

 学习任务描述

一辆装备 RA4F03B 自动变速器的日产轿车在检修时,车主反映:车辆 D 位前进时加速无力,但 R 位正常。需要你对换挡执行元件进行检测,确定故障部位并进行修理。

 学习内容

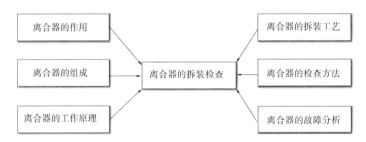

 注意事项

(1)注意人身安全,认真执行 6S 管理。

(2)严格遵守拆装规程,避免人为损坏零部件。

(3)拆卸前注意观察卡环、挡片的方向,拆卸过程注意不要过度撑大卡环。

(4)注意清洁零件,必须严格按顺序摆放,以免造成装配错误。

 资料收集

引导问题 1 自动变速器换挡执行机构由哪些元件组成?

一般而言,自动变速器的执行元件主要包括离合器、制动器和单向离合器。

图 5-1 是日产 RA4F03B 自动变速器的结构示意图,它的执行元件包括 4 个离合器(R/C、H/C、F/C、O/C)、2 个制动器(B/B、L.R/B)和 2 个单向离合器(F/O.C、F/C)。

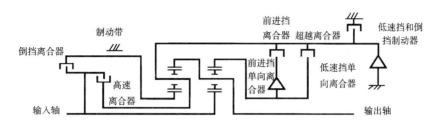

图 5-1 日产 RA4F03B 结构示意图

引导问题 2　换挡执行机构有什么作用?

换挡执行机构主要有三个基本作用,即连接、固定和锁止。

(1) 连接:是指将行星齿轮变速器的输入轴与行星排中的某个基本元件连接,以传递动力,或将前一个行星排的某一个基本元件与后一个行星排的某个基本元件连接,以约束这两个基本元件的运动。

(2) 固定:是指将行星排的某一基本元件与自动变速器的壳体连接,使之被固定住而不能旋转。

(3) 锁止:是指把某个行星排的三个基本元件中的两个连接在一起,从而将该行星排锁止,使某三个基本元件以相同的转速一同旋转,产生直接传动。

引导问题 3　多片湿式离合器的结构是怎样的? 它有什么特点?

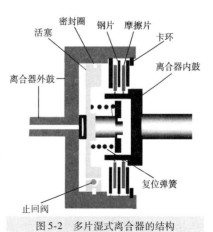

多片湿式离合器的结构如图 5-2 所示,它通常由离合器内鼓、离合器外鼓、离合器活塞、复位弹簧、1 组钢片、1 组摩擦片和密封圈等组成。

多片湿式离合器具有以下结构特点:

(1) 离合器活塞安装在离合器鼓内,它是一种环状活塞。它由活塞内外圆的密封圈保证其密封,从而和离合器鼓一起形成一个封闭的环状液压缸,并通过离合器内圆轴颈上的进油孔和控制油路相通。

(2) 钢片和摩擦片交错排列,两者统称为离合器片。钢片的外花键齿安装在离合器鼓的内花键

图 5-2 多片湿式离合器的结构

齿圈上,可沿齿圈键槽做轴向移动;摩擦片由其内花键齿与离合器毂的外花键齿连接,也可沿键槽做轴向移动。摩擦片的两面均为摩擦系数较大的铜基粉末冶金层或合成纤维层。

(3)离合器内鼓、外鼓分别以一定的方式和变速器输入轴或行星排的某个基本元件相连接。

(4)离合器活塞和离合器片或离合器片和卡环之间有一定的轴向间隙,以保证钢片和摩擦片之间无任何轴向压力,这一间隙称为离合器的自由间隙。其大小可以用挡圈的厚度来调整。一般离合器自由间隙的标准为0.5~2.0mm。离合器自由间隙标准的大小取决于离合器的片数和工作条件。通常离合器片数越多或该离合器的交替工作越频繁,其自由间隙就越大。

(5)有些离合器在活塞和钢片之间有一个碟形环。它具有一定的弹性,可以减缓离合器接合时的冲击力。

引导问题4 多片湿式离合器的工作过程是怎样的?

多片湿式离合器的工作过程包括接合与分离两个过程。

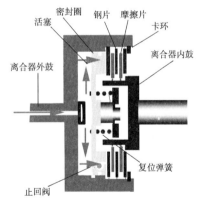

图5-3 多片湿式离合器的接合

1 接合

多片湿式离合器的工作过程如图5-3所示,当液压油流进活塞背部液压缸时,推动钢球向上关闭止回阀,活塞背部液压推动活塞克服弹簧压力,将摩擦片和钢片压紧,离合器内鼓和离合器外鼓连成一体,动力从离合器外鼓传给离合器内鼓。

2 分离

当液压油从活塞背部泄压时,止回阀钢球在离心力的作用下回到阀座,活塞缸外围的液压油经止回阀回流,活塞在复位弹簧的作用下复位,钢片和摩擦片分离,离合器内鼓和离合器外鼓独立运动,中断动力传输。

引导问题5 离合器中止回阀的作用是什么?

为了快速泄油,保证离合器彻底分离,一般在液压缸中都有一个止回阀,如图5-4a)所示。当液压油进入液压缸时,钢球在油压的推动下压紧在阀座上,止回阀处于关闭状态,保证了液压缸密封;当液压缸内的油压被解除后,止回阀钢球在离心力的作用下离开阀座,使止回阀处于开启状态,如图5-4b)所示,残留在液压缸内的液压油在离心力的作用下从止回阀的阀孔中流出,保证了离合器的彻底分离。

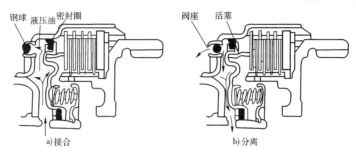

图5-4 离合器中的止回阀

引导问题6　离合器的检查工艺流程是怎样的?

自动变速器出现某些挡位无力或打滑故障时,说明相应的离合器出现故障,应按照基本的维修工艺流程对自动变速器进行检查和维修,如图5-5所示。

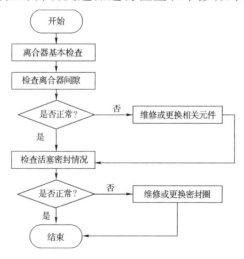

图5-5 离合器检查工艺流程图

二、实施作业

引导问题7　离合器的拆装作业前应该准备哪些工具和设备?

(1)工具:常用工具、塞尺、游标卡尺、直尺、轴承顶拔器。

(2)设备:工作台、自动变速器、压缩空气。

(3)维修手册、工作记录表、评分表。

引导问题8 如何进行作业前的准备工作？

(1)现场安全确认:车辆、举升机、工位安全确认。

(2)车辆防护:翼子板布、前格栅布、座椅套、转向盘套、地板垫、车轮挡块。

引导问题9 通过查询和查找，你能找到以下信息吗？

请完成车辆基本信息表，见表5-1。

车辆基本信息表　　　　　　　　　　　　　　　表5-1

项　目	具　体　信　息
车牌号码	
行驶里程	
发动机型号及排量	
车辆识别代码(VIN)	

引导问题10 怎样正确分解离合器？

不同自动变速器的离合器内部结构大同小异，图5-6所示为日产RA4F03B自动变速器倒挡离合器的结构。

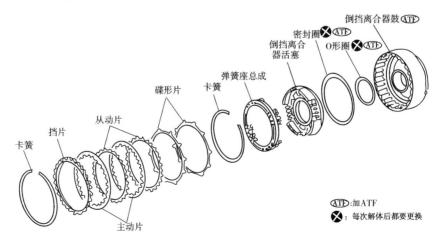

图5-6　倒挡离合器的结构

项目三　离合器和制动器的拆装检查

请根据表5-2的操作步骤规范分解离合器。

分解离合器作业表　　　　　　　　　　　　表5-2

步　骤	图　示	内　　容	完成情况
1.检查离合器工作情况	（图示：油泵总成）	给油泵总成的鼓支承上安装密封圈,然后安装倒挡离合器总成。向油孔位置加压缩空气。检查挡片是否向卡环移动。如果挡片不向卡环移动,可能是O形圈或油封损坏,也可能是活塞止回阀漏油	是□　否□
2.拆卸卡环	（图示：卡环、一字螺丝刀） 注意:不要过度撑大卡环	利用一字螺丝刀拆下卡环。拆下主动片、从动片、挡片及碟形片,按顺序摆放	是□　否□
3.拆卸活塞	（图示：卡环） 注意: (1)把专用工具直接置于复位弹簧上面; (2)请勿过度撑大卡环	将专用工具装于弹簧座上,压住复位弹簧,从倒挡离合器鼓上拆下卡环,拆下弹簧座	是□　否□
4.取出活塞	（图示） 注意:摆放整齐,保护好各元件	转动倒挡离合器活塞,将其从倒挡离合器鼓上拆下; 从倒挡离合器活塞上拆下O形圈和密封圈	是□　否□

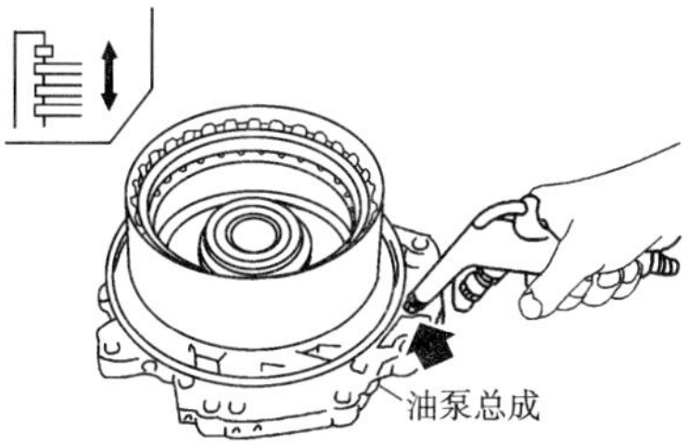

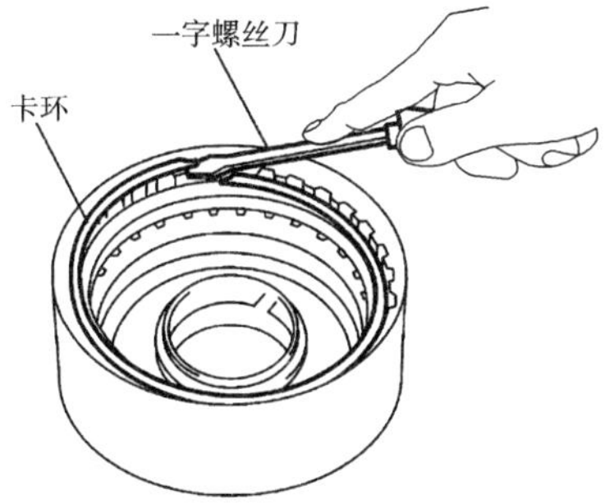

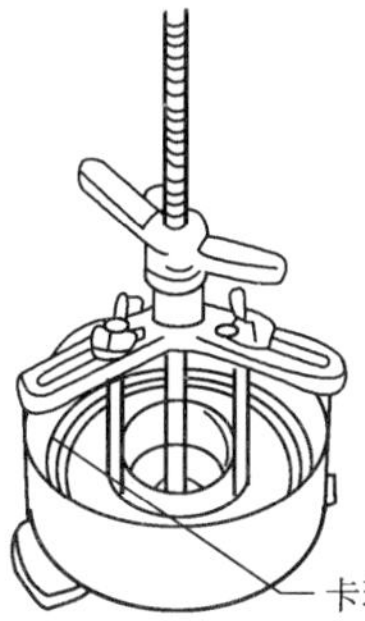

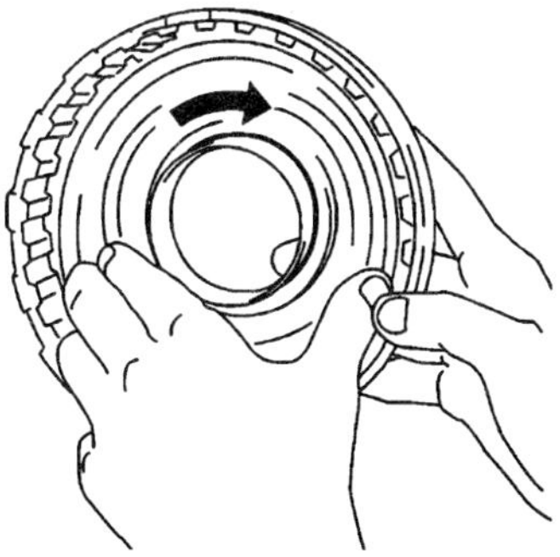

65

引导问题 11　怎样正确检测离合器?

请根据表5-3的操作步骤规范地进行检测。

离合器检测作业表　　　　　表5-3

步　骤	图　示	内　容	完成情况
1. 检查主动片和从动片		检查主动片是否烧蚀、破裂或损伤,如有必要,请更换。 测量主动片厚度:标准厚度为1.6mm,极限值为1.4mm,如果超出磨损极限,则更换	是□　否□
2. 测量碟形片厚度		检查倒挡离合器碟形片是否变形或损伤,如果变形或疲劳损伤,则更换。 测量碟形片厚度,标准厚度为2.87mm	是□　否□
3. 检查止回阀	检查气流不通过球孔　　检查气流通过球孔	给复位弹簧对面的止回阀油孔加压缩空气,确认没有漏气。 给复位弹簧侧面的油孔加压缩空气,确认有气流经过止回阀	是□　否□

请在表5-4中记录离合器检测结果,并对测量结果进行分析。

倒挡离合器检测结果记录表　　　　　表5-4

检查项目	外观检查	厚度测量结果	标　准　值	结果分析
钢片				
摩擦片				
碟形片				
检查活塞和密封圈		×	×	
检查止回阀工作情况		施加气压测试	×	

项目三　离合器和制动器的拆装检查

引导问题 12　**怎样正确组装离合器?**

请根据表 5-5 的步骤进行组装。

组装离合器作业表　　　　　　　　　　　　　　　　　　　　　　表 5-5

步　骤	图　示	内　容	完成情况
1. 组装活塞	密封圈 ⊗ ATF　O形圈 ⊗ ATF　倒挡离合器活塞　ATF: 加自动变速器油　⊗: 每次解体后都要更换	在倒挡离合器活塞上安装 O 形圈和密封圈	是□　否□
	注意： (1) 请勿重复使用 O 形圈和密封圈； (2) 在 O 形圈和密封圈上涂 ATF； (3) 注意密封圈的方向		
2. 安装活塞		缓慢转动，以安装倒挡离合器活塞	是□　否□
	注意：装配前应在所有配合零件表面上涂少许 ATF		
3. 安装卡环	卡环	将弹簧座总成安装在倒挡离合器活塞上； 将专用维修工具置于弹簧座总成上，在压缩弹簧座总成时安装卡环	是□　否□
	注意：安装复位弹簧座圈的卡环时安装要到位，应确认卡环已落在弹簧座圈上的爪槽内，小心不要损坏活塞		

续上表

步骤	图示	内容	完成情况
4.安装离合器片	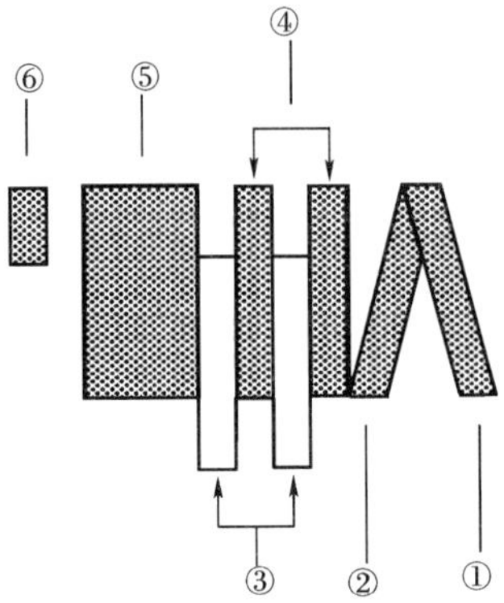	按照图示的顺序安装碟形片⑤、从动片④、主动片③、碟形片②和①	是□ 否□
	注意:更换摩擦片时,应将新的摩擦片放在干净的ATF中浸泡15min以上后再安装。不同的离合器主动片和从动片的数量不同,请注意区别		
5.检查碟形片的安装位置	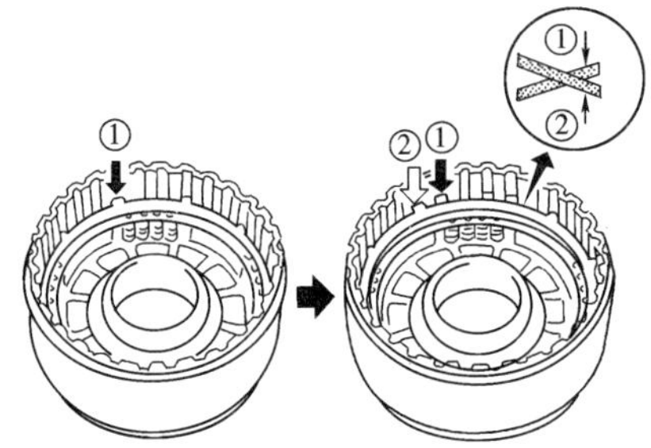	检查碟形片的开口位置	是□ 否□
	注意:安装碟形片时相互错开		
6.安装卡环	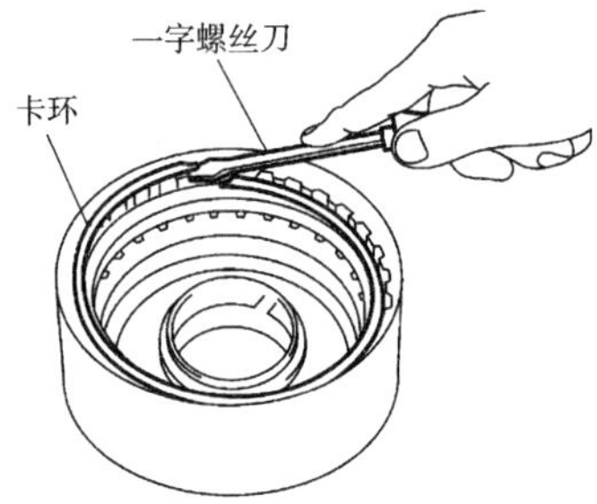	用一字螺丝刀安装卡环	是□ 否□
7.测量间隙	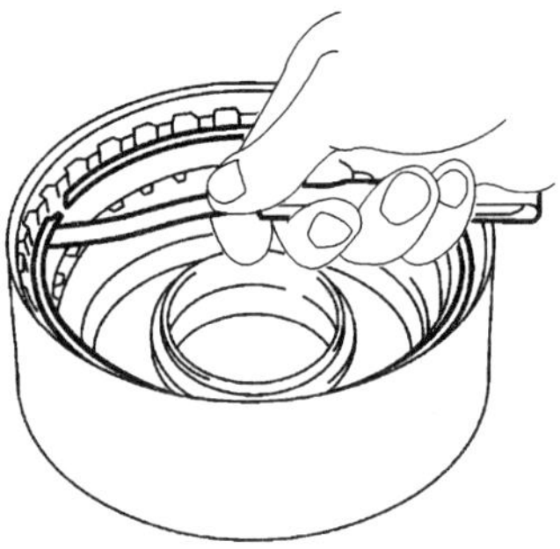	使用塞尺测量挡片与卡环间的间隙,如果超过允许极限,选择合适的挡片。 标准值为:0.5~0.8mm 实测值为:_____	是□ 否□

续上表

步骤	图示	内容	完成情况
8.检查离合器工作情况	油泵总成	每个离合器装配后，加入ATF，向油孔位置加压缩空气，活塞应上移，四周不能有气泡。如有气泡则应检查漏气的部位，修复后再重新检查	是□ 否□

三 评价与反馈

请完成评价反馈表，见表5-6。

评 价 反 馈 表　　　　　　　　　　　　　　表5-6

 请根据你自己在工作中和课堂上的表现，对自己进行客观的评价，看看你能获得几颗星？

评价项目	5颗星	3颗星	1颗星	评价结果
知识掌握情况	掌握相关理论知识，并能运用到实际操作中，任务完成良好	基本能够理解相关理论知识，能够完成相应工作	对相关理论知识不明白，不能或者难以完成相应的工作	
动手实践情况	积极参加，做好安全保护工作，注重工作质量	会动手实践，安全保护措施到位，工作质量较好	出现安全隐患，不知道如何动手实践	
小组合作情况	与小组成员配合工作很愉快	与小组其他同学配合工作交流较少	没有与其他同学进行交流	
6S执行情况	值日认真，服从指挥，工位、工装整洁，职业形象好	值日较认真，出现迟到或其他违纪情况	出现忘记值日、工位或工装不整洁的情况	
哪些方面需要改进				
教师点评				
学生姓名		小组长签名		
教师签名		日期		

四 学习拓展

（1）解答下列问题。

①装配前应在所有配合零件表面上涂少许_____油。

②更换摩擦片时，应将新的摩擦片放在干净的ATF中浸泡_____min后安装。

③安装复位弹簧座圈的卡环时安装要到位，应确认卡环_____。

④摩擦片和钢片要按拆卸时的顺序交错排列。摩擦片和钢片原则上没有方向性，正反面都可安装。在安装挡圈时，有台阶的一面应朝上，让_____的一面与摩擦片接触。有碟形片的离合器应将碟形片放置在下面第一片的位置上，使之与活塞接触，并使碟形片的凹面_____。

⑤每个离合器装配后，都应检查活塞的工作是否正常。可按照分解时的方法，向油路内吹入_____，检查活塞能否向上移动，将钢片和摩擦片压紧。若吹入压缩空气后活塞不能移动，则应检查_____的部位，分解修复后再重新安装。

⑥用_____测量离合器的自由间隙，也可用千分表测量离合器和制动器的自由间隙。若自由间隙_____标准，可采用更换_____挡圈的方法来调整。

（2）请根据维修手册要求，规范拆装、检查高速挡离合器、前进挡和超越离合器，并分别在表5-7和表5-8中记录检查结果。

高速挡离合器检测结果记录表　　　　　　　　　　　　　　　　表5-7

检查项目	外观检查	厚度测量结果	标准值	结果分析
钢片				
摩擦片				
碟形片				
检查止回阀工作情况		施加气压测试	×	

前进挡和超越离合器检测结果记录表　　　　　　　　　　　　　　表5-8

检查项目	外观检查	厚度测量结果	标准值	结果分析
钢片				
摩擦片				
碟形片				
检查止回阀工作情况		施加气压测试	×	

项目三　离合器和制动器的拆装检查

学习任务六　制动器与单向离合器的拆装检查

学习目标

◎ 知识目标

(1)能够叙述制动器、单向离合器的作用及组成。

(2)能够叙述制动器、单向离合器的基本工作原理。

(3)能够向客户正确描述自动变速器打滑的故障原因。

◎ 技能目标

(1)能够使用各种媒体查阅所需资料。

(2)能够制订制动器的拆装计划、流程。

(3)能规范正确地使用自动变速器维修专用工具和设备。

(4)能根据维修手册,安全规范地分解、组装制动器,并能进行检查、记录结果。

◎ 素养目标

(1)能够制订工作计划,独立完成工作任务。

(2)能够在工作过程中,与小组其他成员合作、交流并进行任务分工,具备团队合作和安全操作的意识。

建议完成本学习任务的时间为 4 课时。

学习任务描述

一辆装配 RE4F03B 自动变速器的轿车在检修时,车主反映:出现 D 位 2 挡打滑的故障,需要你对换挡执行元件进行检测,确定故障部位并进行修理。

学习内容

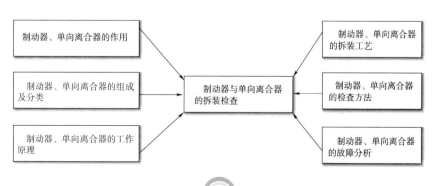

注意事项

(1) 注意人身安全，认真执行6S管理。

(2) 严格遵守拆装规程，避免人为损坏零部件。

一、资料收集

引导问题1　自动变速器的制动器有什么作用？它有哪几种类型？

自动变速器中制动器的作用主要是固定行星齿轮机构中的元件，防止其转动。制动器有片式和带式两种形式。片式制动器的结构和原理与离合器基本相同，不同之处是离合器起连接作用并传递动力，而片式制动器是通过连接而起制动作用。

引导问题2　带式制动器由哪些元件组成？

带式制动器由制动带和控制油缸组成，图6-1所示为带式制动器的零件分解图。制动带是制动器的关键元件之一，它是由在卷绕的钢带底板上粘接摩擦材料所制成的。钢带的厚度为0.76~2.64mm。厚的钢带能产生大的夹紧力，用于发动机功率大的汽车自动变速器。薄的钢带能施加的夹紧力小，但因其柔性好，自增力作用强，所以能产生较大的制动力。制动带的一端支承在与变速器壳体固连的支座上，另一端与控制油缸的活塞杆相连。

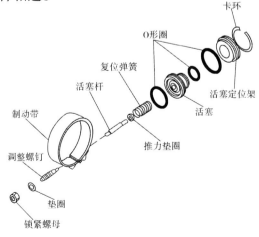

图6-1　带式制动器的零件分解图

引导问题3 带式制动器是怎样工作的?

带式制动器的工作原理如图6-2所示,制动带开口处的一端通过支柱支承于固定在变速器壳体的调整螺钉上,另一端支承于油缸活塞杆端部,活塞在复位弹簧和左腔油压作用下位于右极限位置。制动带不工作时,制动带和制动鼓之间存在一定间隙。

制动时,压力油进入活塞右腔,克服左腔油压和复位弹簧的作用力推动活塞左移,制动带以固定支座为支点收紧。在制动力矩的作

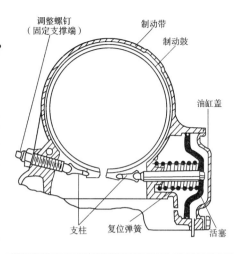

图6-2 制动器的工作原理

用下,制动鼓停止旋转,行星齿轮机构某元件被锁止。随着油压撤除,活塞逐渐复位,制动解除。

引导问题4 片式制动器是怎样工作的?

片式制动器由制动鼓、制动器活塞、复位弹簧、钢片、摩擦片及制动毂等部件组成。

片式制动器的工作原理和多片湿式摩擦离合器基本相同,但片式制动器的制动鼓(相当于离合器鼓)固定在变速器壳体上,如图6-3所示。钢片通过外花键齿安装在固定于变速器壳体上的制动鼓内花键齿圈中,或直接安装在变速器壳体上的内花键齿圈中,摩擦片则通过内花键齿和制动鼓上的外花键齿连接。

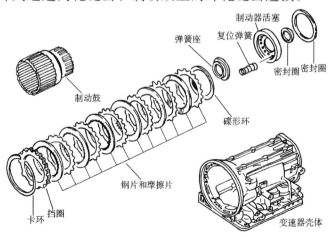

图6-3 片式制动器

当制动器不工作时，钢片和摩擦片之间没有压力，制动器鼓可以自由旋转。当制动器工作时，来自控制阀的液压油进入制动器鼓内的液压缸中，油压作用在制动器活塞上，推动活塞将制动器摩擦片和钢片夹紧在一起，与行星排某一基本元件连接的制动器鼓就被固定住而不能旋转。

片式制动器的工作平顺性优于带式制动器，因此近年来在轿车自动变速器中，采用片式制动器的越来越多。另外，片式制动器也易于通过增减摩擦片的片数来满足不同排量发动机的要求。

引导问题5　自动变速器中的单向离合器是如何工作的？

单向离合器与其他离合器的区别是，单向离合器无须控制机构，它是依靠单向锁止原理来发挥固定或连接作用的，力矩的传递是单方向的，其连接和固定完全由与之相连接元件的受力方向所决定，当与之相连接元件的受力方向与锁止方向相同时，该元件即被固定或连接；当受力方向与锁止方向相反时，该元件即被释放或脱离连接；即在主动轴与从动轴之间，只能使从动轴作一个方向回转，反方向具有空转功能。

引导问题6　单向离合器有几种形式？

单向离合器一般有棘轮式、滚柱斜槽式和楔块式三种类型。

1 棘轮式单向离合器

棘轮式单向超越离合器主要由外轮、棘轮、棘爪和叶片弹簧等组成，图6-4所示为棘轮式单向超越离合器的一种形式。

当外轮相对于棘轮顺时针方向旋转时，棘爪卡住棘轮，外轮与棘轮连为一体，不能相对运动，离合器处于锁止状态；当外轮相对于棘轮逆时针方向旋转时，棘爪与棘轮之间产生相对滑动，外轮成为自由轮，单向离合器处于自由状态。

2 滚柱斜槽式单向超越离合器

滚柱斜槽式单向超越离合器由外环、内环、滚柱、滚柱复位弹簧等组成，如图6-5所示。

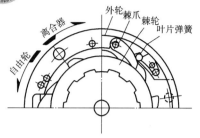
图6-4 棘轮式单向超越离合器

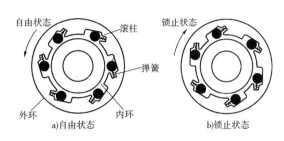
图6-5 滚柱斜槽式单向超越离合器

内环通常用内花键和行星齿轮排的某个基本元件或者变速器壳体连接,外环则通过外花键和行星排的另一侧基本元件连接或者和变速器外壳连接。在外环的内表面制有与滚柱相同数目的楔形槽。内外环之间的楔形槽内安装有滚柱和弹簧。弹簧的弹力将各滚柱推向楔形槽较窄的一端。当外环相对于内环朝顺时针方向转动时,在刚刚开始转动的瞬间,滚柱便在摩擦力和弹簧弹力的作用下被卡死在楔形较窄的一端,于是内外环互相连接成一个整体,不能相对转动,此时单向超越离合器处于锁止状态,与外环连接的基本元件被固定住或者和与内环相连接的元件连成一个整体。当外环相对于内环朝逆时针方向转动时,滚柱在摩擦力的作用下,克服弹簧的弹力,滚向楔形槽较宽的一端,出现打滑现象,外环相对于内环可以做自由滑转,此时单向离合器脱离锁止而处于自由状态。

单向离合器的锁止方向取决于外环上楔形槽的方向。在装配时不得装反,否则,会改变其锁止方向,使行星齿轮变速器不能正常工作。

有些单向离合器的楔形槽开在内环上,其工作原理和楔形槽开在外环上的单向离合器相同。

3 楔块式单向超越离合器

楔块式单向离合器的结构和滚柱斜槽式单向超越离合器的结构基本相似,也有外环、内环、楔块(滚子)等,如图6-6所示。不同之处在于,它的外环或内环上都没有楔形槽,其滚子不是圆柱形的,而是特殊形状的楔块。楔块在 A 方向上的尺寸略大于内外环之间的距离 B,而在 C 方向上的尺寸略小于 B。当外环相对于内环朝顺时针方向转动时,楔块在摩擦力的作用下立起,因自锁作用而被卡死在内外环之间,使内环与外环无法相对滑转,此时单向超越离合器处于锁止状态;当外环相对于内环朝逆时针方向旋转时,楔块在摩擦力的作用下倾斜,脱离自锁状态,内环与外环可以相对滑动,此时单向超越离合器处于自由状态。

楔块式单向超越离合器的锁止方向取决于楔块的安装方向。维修时不可装反,以免影响自动变速器的正常工作。

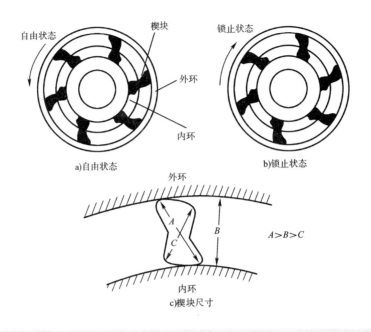

图6-6 楔块式单向超越离合器

引导问题7　制动器的检查工艺流程是怎样的?

自动变速器出现某些挡位无力或打滑故障时,说明相应的制动器出现故障,应按照基本的维修工艺流程对自动变速器进行检查和维修,如图6-7所示。

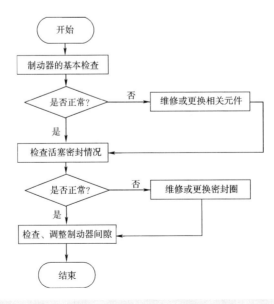

图6-7 制动器检查工艺流程图

二 实施作业

引导问题8 制动器的拆装检查作业前应该准备哪些工具和设备?

(1)工具:常用工具、塞尺、游标卡尺、直尺。
(2)设备:工作台、自动变速器、压缩空气。
(3)维修手册、工作记录表、评分表。

引导问题9 如何进行作业前的准备工作?

(1)现场安全确认:车辆、举升机、工位安全确认。
(2)车辆防护:翼子板布、前格栅布、三件套、车轮挡块。

引导问题10 通过查询和查找,你能找到以下信息吗?

请完成车辆基本信息表,见表6-1。

车辆基本信息表   表6-1

项　　目	具　体　信　息
车牌号码	
行驶里程	
发动机型号及排量	
车辆识别代码(VIN)	

引导问题11 怎样分解低速和倒挡制动器?

低速和倒挡制动器结构如图6-8所示,按离合器分解方法拆下低速和倒挡制动器的摩擦片、钢片、复位弹簧和弹簧座圈、活塞。检修方法与离合器的检修方法基本相同。

引导问题12 怎样检修带式制动器?

(1)检查制动带外观:外观上如有缺陷、碎屑、摩擦表面出现不均匀磨损、摩擦材料剥落、摩擦材料上印刷数字部分磨损,或者有掉色、烧蚀痕迹(外观颜色发黑),制动带只要出现上述现象中的任何一项,就必须更换。特别提醒,制动带为磨损件,维修时必须更换。

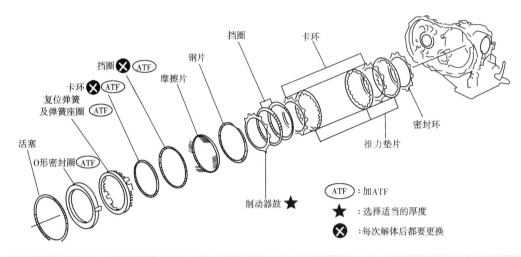

图6-8 低速和倒挡制动器的分解

(2)检查制动带摩擦片表面的含油能力:用无毛布把制动带表面的油渍擦掉后,用手轻按制动带摩擦表面,应能渗出油,渗出的油越多,说明摩擦表面含油性越好。如轻压后,没有油渗出,说明制动带摩擦表面上的含油层已被磨损,如继续使用将很快被烧蚀,必须更换。

(3)检查制动鼓表面是否有污点、划伤、磨光、变形等缺陷。

(4)制动器装配后要调整工作间隙。如图6-9所示,调整时将调整螺钉松开后,重新拧紧调整螺钉使制动带完全抱死,然后将调整螺钉退回1~3圈后固定。对于倒挡制动带,因油压较高,制动带与制动鼓的间隙应稍大些,一般是先使制动带完全抱死,然后将调整螺钉退回3圈锁死。

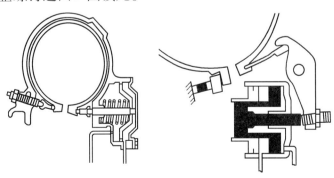

图6-9 带式制动器间隙的调整

引导问题 13　怎样检查单向离合器?

在分解行星排、单向超越离合器之前,应先确认各个单向超越离合器的锁止方向,其方法是:用手握住与单向超越离合器内外圈连接的零件,分别朝不同方向做相对转动,检查并记下内外圈的相对锁止方向。特别是在没有详细技术资料的情况下维修自动变速器时,一定要做好这一项记录;否则,一旦分解后不能按原有安装方向装复,将会使自动变速器不能正常工作,必须再次分解自动变速器进行检查,造成返工。

如图 6-10 所示,用左手握住太阳轮驱动鼓、右手转动单向超越离合器外圈,检查单向超越离合器的锁止方向,应使外圈相对于内圈在逆时针方向锁止,在顺时针方向能自由转动。

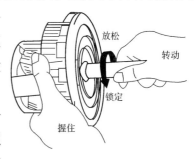

图 6-10　单向离合器锁止方向的检查

引导问题 14　怎样装配单向离合器?

检查单向超越离合器,如滚柱破裂、滚柱保持架断裂或内外圈滚道磨损起槽,应换用新件。如果在锁止方向上有打滑或在自由转动方向上有卡滞,也应更换。日产 RE4F03A 自动变速器的前进挡单向离合器结构如图 6-11 所示。装配时请按照图 6-12 所示的方向安装。

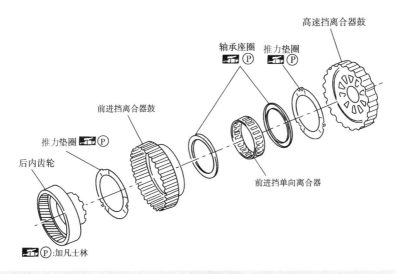

图 6-11　日产 RE4F03A 自动变速器的前进挡单向离合器

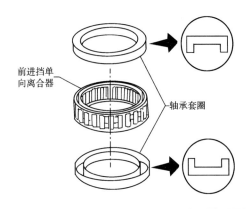

图 6-12　前进挡单向离合器的安装方向

三、评价与反馈

请完成评价反馈表，见表 6-2。

评 价 反 馈 表　　　　　　　　　表 6-2

请根据你自己在工作中和课堂上的表现，对自己进行客观的评价，看看你能获得几颗星？					
评价项目	5 颗星	3 颗星	1 颗星	评价结果
知识掌握情况	掌握相关理论知识，并能运用到实际操作中，任务完成良好	基本能够理解相关理论知识，能够完成相应工作	对相关理论知识不明白，不能或者难以完成相应的工作	
动手实践情况	积极参加，做好安全保护工作，注重工作质量	会动手实践，安全保护措施到位，工作质量较好	出现安全隐患，不知道如何动手实践	
小组合作情况	与小组成员配合工作很愉快	与小组其他同学配合工作交流较少	没有与其他同学进行交流	
6S 执行情况	值日认真，服从指挥，工位、工装整洁，职业形象好	值日较认真，出现迟到或其他违纪情况	出现忘记值日、工位或工装不整洁的情况	
哪些方面需要改进					
教师点评					
学生姓名		小组长签名		
教师签名		日期		

四 学习拓展

（1）制动器有什么作用？请解答下列问题。

制动器的功用是固定行星齿轮机构中的_____，防止其转动。

制动器有_____和_____两种类型。

（2）制动器由哪些元件组成？请按编号写出各零件的名称。

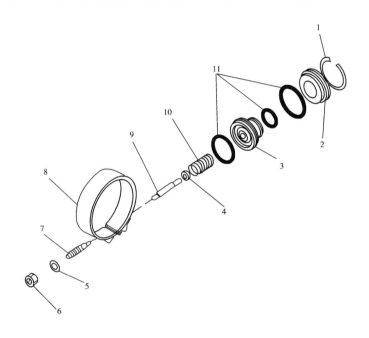

（3）片式制动器由哪些元件组成？请按编号写出各零件的名称。

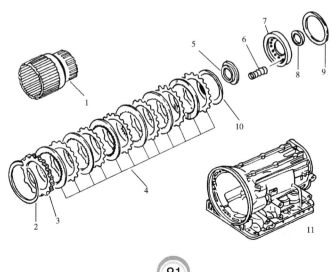

（4）怎样检修带式制动器？

①外观检查制动带：外观上如有_____、_____、摩擦表面出现不均匀磨损、摩擦材料剥落、摩擦材料上印刷数字部分磨损，或者有掉色、_____痕迹（外观颜色发黑），制动带只要出现上述现象中的任何一项，就必须更换。

②检查制动带摩擦片表面的含油能力：用无毛布把制动带表面的油渍擦掉后，用手轻按制动带摩擦表面，应能渗出油，渗出的油越_____，说明摩擦表面含油性越_____。如轻压后，没有油渗出，说明制动带摩擦表面上的含油层已被磨损，如继续使用将很快被烧蚀，必须更换。

③检查制动鼓表面是否有_____等缺陷。

（5）单向离合器与其他离合器的区别是，单向离合器无须_____机构，它是依靠单向锁止原理来发挥固定或连接作用的，力矩的传递是_____的，其连接和固定完全由与之相连接元件的受力方向所决定。

（6）常用单向离合器有_____、_____和_____三种类型。

（7）在分解行星排、单向离合器之前，应先确认各个_____的锁止方向，其方法是：用手握住与单向离合器内外圈连接的零件，分别朝不同方向做相对转动，检查并记下内外圈的相对锁止方向。否则，一旦分解后不能按_____方向装复，将会使自动变速器_____正常工作，必须再次分解自动变速器进行检查，造成返工。

项目四

行星齿轮机构拆装检查及挡位路线的认识

 项目描述

自动变速器行星齿轮机构是自动变速器实现各挡位动力传递的主要元件。学生通过完成四个学习任务,掌握自动变速器行星齿轮机构的组成及工作原理,能规范正确地使用自动变速器维修专用工具和设备对自动变速器执行元件进行拆装及检查,学会对辛普森、拉威娜、CR-CR等类型行星齿轮机构传动路线进行分析。掌握自动变速器维修的基本要求和规范,为后续的项目学习打下良好的基础。

学习任务七　行星齿轮机构变速原理的认识

学习目标

◎ **知识目标**
(1)能叙述行星齿轮机构的作用、组成和工作过程。
(2)能叙述单排行星齿轮机构的变速原理。
(3)能叙述常见的行星齿轮机构分类及特点。

◎ **技能目标**
(1)能够使用各种媒体查阅所需资料。
(2)能够制订自动变速器的拆装计划、流程。
(3)能规范、正确地使用自动变速器维修专用工具和设备。

◎ **素养目标**

（1）能够制订工作计划，独立完成工作任务。

（2）能够在工作过程中，与小组其他成员合作、交流并进行任务分工，具备团队合作和安全操作的意识。

 建议完成本学习任务的时间为 12 课时。

 学习任务描述

一辆装备 A341E 自动变速器的轿车在检修时，车主反映：在 L 位 1 挡无发动机制动功能，其他挡位正常。需要你进行检测，确定故障部位并进行修理。

 学习内容

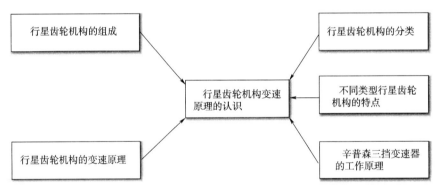

一 资料收集

引导问题 1 行星齿轮机构有何作用？行星齿轮机构由哪些元件组成？

变矩器在自动变速器中的主要作用是使汽车起步平稳，在换挡时减缓传动系统的冲击负荷。在变速增扭方面，变矩器虽然能够在一定的范围内实现无级变速，但由于变矩器只有在输出转速接近于输入转速时才具有较高的传动效率，而且它的增扭作用有限，远不能满足汽车的使用要求。为此，在汽车自动变速器中设置了变速齿轮机构。

项目四 行星齿轮机构拆装检查及挡位路线的认识

行星齿轮机构有很多类型,其中最简单的行星齿轮机构是由1个太阳轮、1个齿圈、1个行星架和支承在行星架上的几个行星齿轮组成,称为1个行星排,如图7-1所示。

行星齿轮机构中的太阳轮、齿圈及行星架有一个共同的固定轴线,行星齿轮支承在固定于行星架的行星齿轮轴上,并同时与太阳轮和齿圈啮合。当行星齿轮机构运转时,空套在行星齿轮轴上的几个行星齿轮一方面可以绕着自己的轴线旋转,另一方面又可以随着行星架一起绕着太阳轮回转,就像天上行星的运动那样,兼有自转和公转两种运动状态(行星齿轮的名称即因此而来),在行星排中,具有固定轴线的太阳轮、齿圈和行星架称为行星排的3个基本元件。

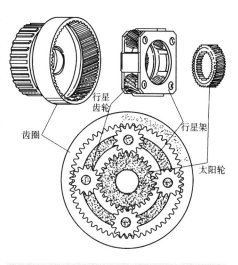

图7-1 行星齿轮机构

引导问题2 行星齿轮机构有什么特点?

用行星齿轮机构作为变速机构,由于有多个行星齿轮同时传递动力,而且采用内啮合式,充分利用了齿圈中部的空间,故与普通齿轮变速机构相比,在传递同样功率的条件下,可以大大减小变速机构的尺寸和质量,并可实现同向、同轴减速传动;另外,由于采用常啮合传动,动力不间断,加速性好,工作也可靠。

引导问题3 行星齿轮机构各部件间的运动关系是怎样的?

制订一个计划,和同学一起动手观察行星齿轮机构各部件间的运动关系,并在表7-1中记录下来。

行星齿轮机构运动关系　　　　　　　　　　表7-1

固定	主动	从动	旋转方向	加/减速	传动比
太阳轮(齿数20)					
齿圈(齿数60)					
行星架					

引导问题4 行星齿轮机构是怎样实现空挡的?

在单排行星齿轮机构中,如果我们不使三个元件(太阳轮、行星架、齿圈)中的任何一个保持静止,各元件之间将不会产生驱动力。此时如果向某个元件输入驱动转矩,由于其他元件均处于空转状态,因此不会传递驱动力或驱动转矩,如图7-2所示。

例如,如果此时驱动齿圈,行星架上的行星齿轮将只围绕太阳轮转动,而不会对来自齿圈的转矩进行传递。如果此时转动太阳轮,则行星齿轮和齿圈处于空转状态。同样,如果此时转动行星架,行星齿轮将在各自的行星齿轮轴上旋转,而太阳轮或齿圈将处于空转状态,而不进行转矩传递。

我们把以上这些状态称为空挡。因为在这些状态下输入变速器的驱动转矩将不会被传递为变速器的输出转矩。

引导问题5 行星齿轮机构是怎样实现直接挡传动的?

为了获得较高传动比,手动变速器通过在4挡状态下将输入轴锁止到输出轴,而实现1∶1的传动比。我们可以将相同的基本原理应用到行星齿轮机构上,如果将行星齿轮机构的任意两个元件锁止即可实现1∶1的传动比,如图7-3所示。

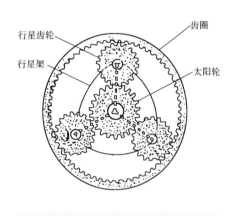

图7-2 行星齿轮机构空挡情况

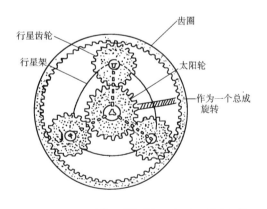

图7-3 行星齿轮机构直接挡情况

如果将齿圈与行星架锁联,并按顺时针方向驱动太阳轮,驱动转矩将通过行星齿轮以1∶1的传动比直接传递到齿圈和行星架。反之,如果在与齿圈锁联的状态下,驱动行星架,则太阳轮将以1∶1的传动比相对于行星架转动。在直接挡传动比状态下,自动变速器产生的输出转矩与输入转矩相等。

引导问题6　行星齿轮机构是怎样实现加速的?

在单排行星齿轮机构中,如果锁止太阳轮,行星架作为输入元件,齿圈作为输出元件,则齿圈输出的转速将高于行星架的输入转速,如图7-4所示。

如果将太阳轮锁止,然后顺时针转动行星架,行星齿轮将围绕太阳轮顺时针转动,并促使齿圈在方向相同但转速比行星架更高的状态下旋转。行星齿轮在围绕太阳轮转动的同时带动齿圈旋转,而齿圈的半径大于太阳轮,因此,齿圈旋转一周所转过的周长比太阳轮更长,这样行星齿轮机构便实现了从输入转速到输出转速的增速,此时的转速比大约为3∶1。

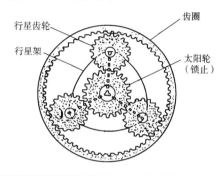

图7-4　行星齿轮机构加速情况

同样,如果固定齿圈,行星架输入,太阳轮从动,也能得到增速。

引导问题7　行星齿轮机构是怎样实现减速的?

在单排行星齿轮机构中,如果锁止齿圈并驱动太阳轮,则行星架的输出转速将低于输入转速。当太阳轮顺时针转动时,各个行星齿轮均在行星架内各自的轴上旋转,行星齿轮将驱动力传递到齿圈,但齿圈因锁止而无法转动,此时反作用力将通过行星齿轮轴作用在行星架上,从而促使行星架以低于太阳轮的转速沿顺时针方向转动。这样变速器将在减速传动比状态下工作,此时输出转速低于输入转速,如图7-5所示。

同样,如果固定太阳轮,驱动行星架,齿圈从动,也能得到减速。

引导问题8　行星齿轮机构是怎样实现倒挡的?

在单排行星齿轮机构中,为了实现倒挡必须将行星架锁定,而使太阳轮旋转。如果太阳轮顺时针转动,行星齿轮将被迫沿逆时针方向转动,在行星架被锁定的情况下,行星齿轮将在各自的轴上旋转且齿圈必须逆时针转动,进而实现反向减速传动,如图7-6所示。

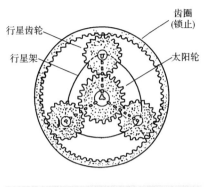

图7-5 行星齿轮机构减速情况　　图7-6 行星齿轮机构反转情况

引导问题9　行星架的当量齿数是多少?

为了便于计算和理解行星齿轮机构的传动比,我们引入行星架当量齿数的概念,将行星架假想成大齿轮,则行星架的当量齿数为太阳轮齿数与齿圈齿数之和,即

$$z_架 = z_圈 + z_太 \tag{7-1}$$

这样便可以利用太阳轮、行星架和齿圈的齿数关系计算行星齿轮机构的传动比。

引导问题10　行星齿轮机构的运动方程是什么?

图7-7所示为行星齿轮机构的传动简图。设太阳轮的齿数为 z_s,齿圈齿数为 z_r,太阳轮、齿圈和行星架的转速分别为 n_s、n_r、n_c,并设齿圈与太阳轮的齿数比为 α,即

$$\alpha = z_r / z_s \tag{7-2}$$

则行星齿轮机构的一般运动规律可表达为

$$n_s + \alpha n_r - (1+\alpha) n_c = 0 \tag{7-3}$$

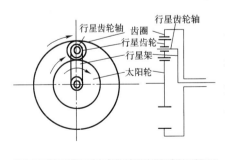

图7-7 行星齿轮机构传动简图

上式称为行星齿轮机构的运动方程,由上式可见,单排行星齿轮机构有两个自由度,因此它没有固定的传动比,不能直接用于变速传动。为了组成具有一定传动比的传动机构,必须将太阳轮、齿圈和行星架这三个基本元件中的一个加以固定(也就是使其转速为零,又称制动),或使其运动受到一定的约束(即让该构件以某一固定的转速旋转),或将某两个基本元件互相连接在一起(即两者转速相同),使行星排变为只有一个自由度的机构,获得确定的传动比。

由上式可以看出,在太阳轮、齿圈和行星架三个基本元件中,可任选两个分别作为主动件和从动件,而使剩下的一个元件固定不动(使该元件转速为零)或使其运动受一定约束(使该元件的转速为某一定值),则整个轮系即以一定的传动比传递动力。不同的连接和固定方案可得到不同的传动比,三个基本元件的不同组合可有6种不同的组合方案,加上直接挡传动和空挡,共有8种组合,相应能获得5种不同的传动比。

引导问题11 常见的行星齿轮机构有哪几类？各有何特点？

为了提供更多的挡位,提高车辆适应性,自动变速器中常采用多排行星齿轮机构配合工作。常见的双排行星齿轮机构的结构方式主要有以下几种。

(1)辛普森式齿轮结构,如图7-8所示。

这是以发明者Simpson工程师命名的齿轮结构。因其结构简单,加工工艺性好,传动功率大,易于换挡操纵,故从50多年前发明迄今,一直被许多汽车厂家采用。

结构特点:双排行星齿轮共用一个太阳轮,有两组行星齿轮、两个齿圈、两个行星架。

(2)拉威娜(Ravigneaux)式齿轮结构,如图7-9所示。

结构特点:有两个太阳轮,两排行星齿轮共用一个齿圈。采用一大一小两个太阳轮、三个长的行星齿轮和三个短的行星齿轮组成两组行星齿轮,所有的行星齿轮轴都固定于共用的行星架上。

拉威娜式齿轮结构啮合的齿数多,工作平稳,可以传递较大的转矩,但结构复杂,工作原理难理解。

(3)CR-CR(串联式)齿轮结构,如图7-10所示。

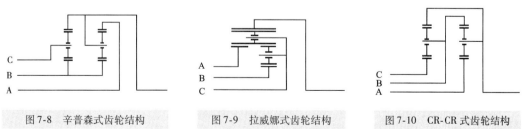

图7-8 辛普森式齿轮结构　　图7-9 拉威娜式齿轮结构　　图7-10 CR-CR式齿轮结构

结构特点:两套独立的行星齿轮机构相互串联,两个太阳轮独立运动,后齿圈与前行星架相连,前齿圈与后行星架相连。

(4)平行轴式非行星齿轮变速器。类似手动变速器,采用常啮合斜齿轮和直齿轮,通过液压控制的离合器把不同的齿轮副锁定在轴上,提供不同的传动比。

引导问题 12 行星齿轮机构常见故障及原因有哪些?

就总体而言,考虑到行星齿轮机构的可靠性通常很高,因此如果行星齿轮机构发生故障,一般是由其他先发生故障的部件导致的。当自动变速器处于三挡状态时,输入转速与输出转速相等。如果除三挡之外,在其他所有挡下均能够听到噪声,则噪声可能来自于一个或两个行星齿轮机构。

在对行星齿轮机构进行检查时,检查行星齿轮的轴向间隙和磨损情况,是否有个别轮齿发生缺损,以及行星齿轮轴的磨损情况。

行星齿轮机构故障的症状表现为噪声,或在严重情况下因齿轮失效而无法进行传动。这些故障通常是由于其他部件发生故障以及金属屑进入精密轮齿之间而导致的。

引导问题 13 辛普森式三挡自动变速器是如何工作的?

下面以丰田 A130 辛普森式三挡自动变速器为实例,根据实物、图和表分析行星齿轮机构的结构和动力传递路线,分析采用辛普森式行星齿轮机构的自动变速器的工作情况。丰田 A130 自动变速器结构如图 7-11 所示。

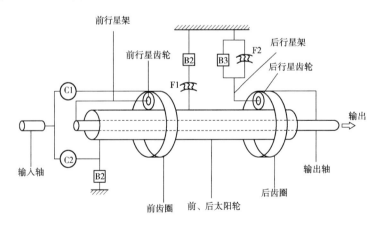

图 7-11　丰田 A130 齿轮机构简图

丰田 A130 辛普森式三挡自动变速器采用双排行星齿轮机构,前后排行星齿轮机构共用一个长太阳轮。输入轴分别通过离合器 C1 和 C2 与前排行星齿轮机构的齿圈和太阳轮连接,动力从后排齿圈输出。各执行元件的功能见表 7-2。

各执行元件的功能表   表7-2

名　　称	功　　能
前进挡离合器 C1	连接输入轴与前齿圈
直接挡离合器 C2	连接输入轴与前、后太阳轮
第2挡滑行制动器 B1	锁定前、后太阳轮，使之不能转动
第3挡制动器 B2	锁定前、后太阳轮，使之在制动器工作时不能逆时针转动
第1挡及倒挡制动器 B3	锁定后行星架，使之不能转动
1号单向离合器 F1	在 B2 运作时，锁定前、后太阳轮，使之不能逆时针转动
2号单向离合器 F2	锁定后行星架，使之不能逆时针转动

引导问题 14 丰田 A130 自动变速器各挡动力传递路线是怎样的？

1　D1 挡动力传递路线

如图 7-12 所示，在 D1 挡参加运作的元件有 C1 和 F2。

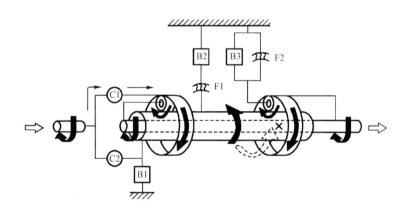

图 7-12　D1 挡动力传递路线示意图

前进挡离合器在第一挡运作，输入轴的转动传给前齿圈，使前行星齿轮顺时针转动（同向），也绕太阳轮顺时针转动，使得太阳轮逆时针转动，后太阳轮要使后行星齿轮绕后太阳轮逆时针转动，但后行星架被 F2 阻止，故后行星齿轮顺时针转动，带动后齿圈也顺时针转动。

由于后齿圈和前行星架均与中间轴连接，故中间轴也顺时针转动输出动力。动力传递路线如图 7-13 所示。

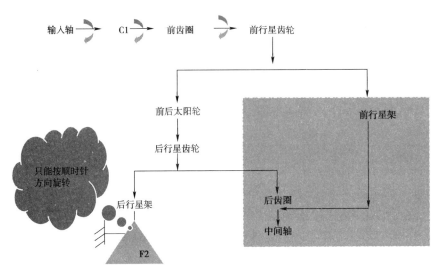

图 7-13 D1 挡动力传递路线

2 D2 挡动力传递路线

如图 7-14 所示,在 D2 挡参加运作的元件有 C1、B2 和 F1。

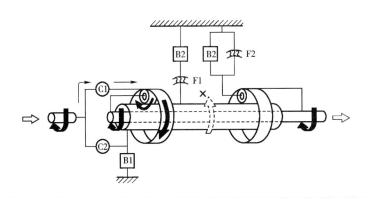

图 7-14 D2 挡动力传递路线示意图

C1 运作把动力传递给前齿圈,使前行星齿轮顺时针转动,带动前行星架顺时针转动。同时前行星齿轮力图使太阳轮逆时针转动,但是 F1 和 B2 阻止其转动,于是使行星齿轮以更快的速度转动。

D2 挡动力传递路线如图 7-15 所示。

3 D3 挡动力传递路线

如图 7-16 所示,在 D3 挡参加运作的元件有 C1、C2、B2、F1。

项目四　行星齿轮机构拆装检查及挡位路线的认识

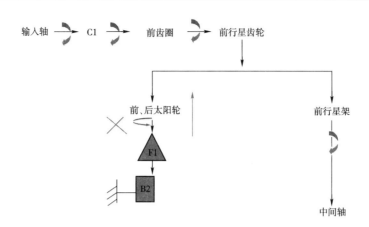

图 7-15　D2 挡动力传递路线

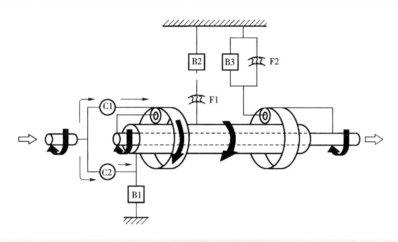

图 7-16　D3 挡动力传递路线示意图

输入轴的动力通过 C1、C2 分别传递给前齿圈和太阳轮,使得前行星齿轮结构一体转动,行星架的速度与齿圈的转速相等,通过中间轴输出。

同时由于 B2 和 F1 运作,太阳轮只能顺时针转动。

D3 挡动力传递路线如图 7-17 所示。

4　2 位发动机制动

如图 7-18 所示,在 2 位发动机制动时参加工作的元件有 C1、B1、F1、B2。

车辆以 2 位减速时,第 2 滑行制动器 B1 起作用锁定前、后太阳轮,同时 F1 和 B2 运作,保证前、后太阳轮不能逆时针转动,动力输出路线与 D2 挡时一致。但是

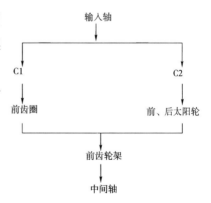

图 7-17　D3 挡动力传递路线

发生发动机制动时(变速器被车轮驱动),来自中间轴的输入动力传递给前行星架,带动行星齿轮绕太阳轮逆时针转动,太阳轮要顺时针转动,但太阳轮被锁定,不能转动。故行星齿轮只能顺时针转动,带动前齿圈也顺时针转动,这样车轮的转矩通过行星齿轮机构传递给输入轴,实现发动机制动。2 位发动机制动时动力传递路线如图7-19所示。

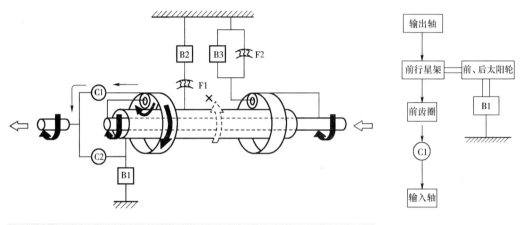

图 7-18　2 位发动机制动时动力路线示意图

图 7-19　2 位发动机制动时动力传递路线

在 D 位时,如车辆在第 2 位减速时,由于 F1 并不阻止前、后太阳轮顺时针转动,这样太阳轮就空转,于是就不会有发动机制动。

5 L1 挡发动机制动

如图 7-20 所示,L1 挡时参加工作的元件有 C1、B3。

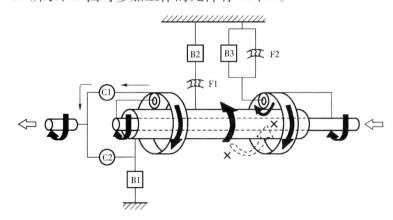

图 7-20　L1 挡发动机制动时动力路线示意图

项目四　行星齿轮机构拆装检查及挡位路线的认识

当变速器受车轮的驱动时,中间轴的动力传递给后齿圈和前行星架,后齿圈使后行星齿轮顺时针转动,但后行星架被 B3 锁止,后太阳轮逆时针转动,使前行星齿轮顺时针转动,而前行星架也顺时针转动,带动前齿圈顺时针转动,通过 C1 把转矩传递给发动机,实现发动机制动。

在 D 位或 2 位时,在一挡减速行驶,由于 F2 并不阻止后行星架顺时针转动,故后行星架空转,没有发动机制动。其动力传递路线如图 7-21 所示。

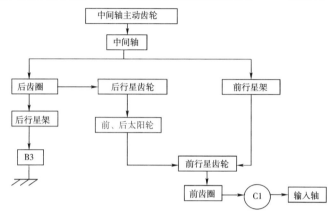

图 7-21　L1 挡没有发动机制动时动力传递路线

6　R 位动力传递路线

如图 7-22 所示,R 位时参加工作的元件有 C2、B3。

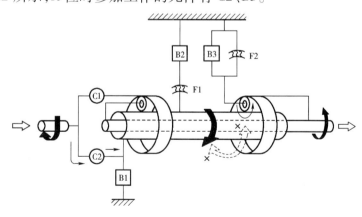

图 7-22　R 位动力路线示意图

动力从 C2 传递给前、后太阳轮,后行星齿轮逆时针转动,同时要绕太阳轮顺时针转动,但是行星架被 B3 锁止,不能顺时针转动,故行星齿轮只能逆时针自转,从而带动后齿圈也逆时针转动,结果输出轴逆时针转动,实现倒车。R 位动力传递路线如图 7-23 所示。

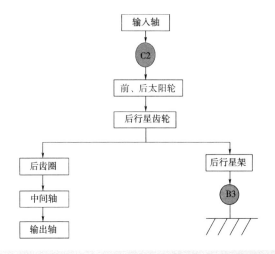

图 7-23　R 位动力传递路线

二 评价与反馈

请完成评价反馈表,见表 7-3。

评 价 反 馈 表　　　　　　表 7-3

 请根据你自己在工作中和课堂上的表现,对自己进行客观的评价,看看你能获得几颗星?

评价项目	5 颗星	3 颗星	1 颗星	评价结果
知识掌握情况	掌握相关理论知识,并能运用到实际操作中,任务完成良好	基本能够理解相关理论知识,能够完成相应工作	对相关理论知识不明白,不能或者难以完成相应的工作	
动手实践情况	积极参加,做好安全保护工作,注重工作质量	会动手实践,安全保护措施到位,工作质量较好	出现安全隐患,不知道如何动手实践	
小组合作情况	与小组成员配合工作很愉快	与小组其他同学配合工作交流较少	没有与其他同学进行交流	
6S 执行情况	值日认真,服从指挥,工位、工装整洁,职业形象好	值日较认真,出现迟到或其他违纪情况	出现忘记值日、工位或工装不整洁的情况	
哪些方面需要改进				
教师点评				
学生姓名		小组长签名		
教师签名		日期		

三 学习拓展

(1)在图中按编号写出各零件的名称。

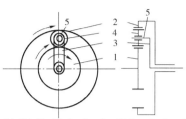

(2)请总结一下行星齿轮机构是如何实现加速和减速的？倒挡又是如何实现的？行星齿轮机构如何实现空挡和直接挡？

(3)常见的行星齿轮机构有哪几类？并分别说明其结构点。

学习任务八　丰田 A341E 自动变速器拆装及挡位路线的认识

学习目标

◎ **知识目标**
(1)能根据分解后的变速器实物画出机械传动原理图。
(2)能掌握换挡执行元件的结构、原理与检修。
(3)能领悟辛普森行星齿轮机构的传动原理。
(4)能掌握辛普森行星齿轮变速器的结构和各挡位动力传递路线。

◎ **技能目标**
(1)能够使用各种媒体查阅所需资料。
(2)能够制订自动变速器的拆装计划、流程。
(3)能根据维修手册,安全规范地分解、组装各换挡执行元件,并能进行检查,记录结果。

◎ **素养目标**
(1)能够制订工作计划,独立完成工作任务。
(2)能够在工作过程中,与小组其他成员合作、交流并进行任务分工,具备团队合作和安全操作的意识。

建议完成本学习任务的时间为 12 课时。

 学习任务描述

一辆装备 A341E 自动变速器的丰田轿车在检修时,车主反映:车辆变速器在 D 位时加速无力,但 R 位正常。需要你进行检测,确定故障部位并进行修理。

 学习内容

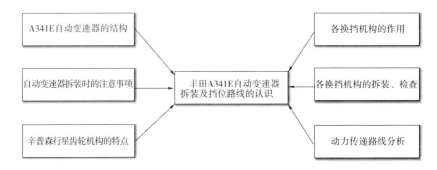

 注意事项

(1)注意人身安全,认真执行 6S 管理。

(2)在分解自动变速器时,应将所有组件和零件按分解顺序依次摆放,以便于检修和组装。要特别注意各个推力垫片、推力轴承的位置,不可错乱。

(3)分解行星排、单向离合器时,应先确认各个单向离合器的锁止方向,其方法是:用手握住与单向离合器内外圈连接的零件,分别朝不同的方向做相对转动,检查并记录内外圈的相对锁止方向。特别是在没有详细技术资料的情况下维修自动变速器时,一定要做好这一记录,否则,一旦分解后不能按原安装方向装复,将会使自动变速器不能正常工作,必须再次分解自动变速器进行检查,造成返工。

(4)自动变速器的安装应在所有零件均已清洗干净,各离合器、制动器、阀体、油泵等总成均已装配好并调整完毕后进行。

(5)安装自动变速器时,应更换自动变速器各接合面及轴颈上所有密封圈或密封环。

(6)安装一些小零件时,为了防止零件掉落,可在小零件表面上涂抹凡士林,以便将小零件固定在安装位置上。

一、资料收集

引导问题 1 丰田 A341E 自动变速器结构有何特点？

丰田 A341E 自动变速器外部结构如图 8-1 所示。

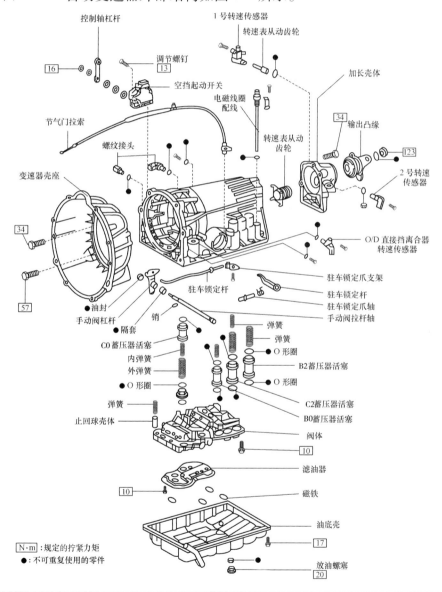

图 8-1 A341E 自动变速器外部结构

丰田 A341E 自动变速器是在原来三挡辛普森自动变速器的基础上增加一套单

排行星齿轮机构而成,其结构如图8-2所示。

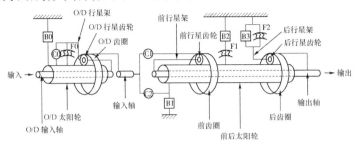

图8-2 四挡辛普森行星齿轮变速器的结构简图

从图8-2中可以看出,增加的行星齿轮机构安装在自动变速器的前部,称为超速行星排。超速行星排主要由一个简单的行星齿轮组、一个固定太阳轮的制动器B0、一个连接太阳轮和行星架的超速挡离合器C0、一个超速挡单向离合器F0组成。

四挡辛普森行星齿轮变速器由四挡辛普森行星齿轮机构和换挡执行元件两大部分组成。其中四挡辛普森行星齿轮机构由三排行星齿轮机构组成,前面一排称为超速行星排,中间一排称为前行星排,后面一排称为后行星排。输入轴与超速行星排的行星架相连,超速行星排的齿圈与中间轴相连,中间轴通过前进挡离合器或直接挡、倒挡离合器与前、后行星排相连。前、后行星排的结构特点是:共用一个太阳轮,前行星排的行星架与后行星排的齿圈相连并与输出轴相连。A341E自动变速器内部结构如图8-3所示。

不同厂家的四挡辛普森行星齿轮变速器的元件位置稍有不同。

换挡执行机构包括三个离合器、四个制动器和三个单向离合器共十个元件。具体的功能见表8-1。

换挡执行元件功能表   表8-1

	换挡执行元件	功　　能
C0	超速挡(OD)离合器	连接超速行星排太阳轮与超速行星排行星架
C1	前进挡离合器	连接中间轴与前行星排齿圈
C2	直接挡、倒挡离合器	连接中间轴与前、后行星排太阳轮
B0	超速挡(OD)制动器	制动超速行星排太阳轮
B1	2挡滑行制动器	制动前、后行星排太阳轮
B2	2挡制动器	制动F1外座圈,当F1也起作用时,可以防止前、后行星排太阳轮逆时针转动
B3	低挡、倒挡制动器	制动后行星排行星架
F0	超速挡(OD)单向离合器	连接超速行星排太阳轮与超速行星排行星架
F1	2挡(一号)单向离合器	当B2工作时,防止前后行星排太阳轮逆时针转动
F2	低挡(二号)单向离合器	防止后行星排行星架逆时针转动

项目四 行星齿轮机构拆装检查及挡位路线的认识

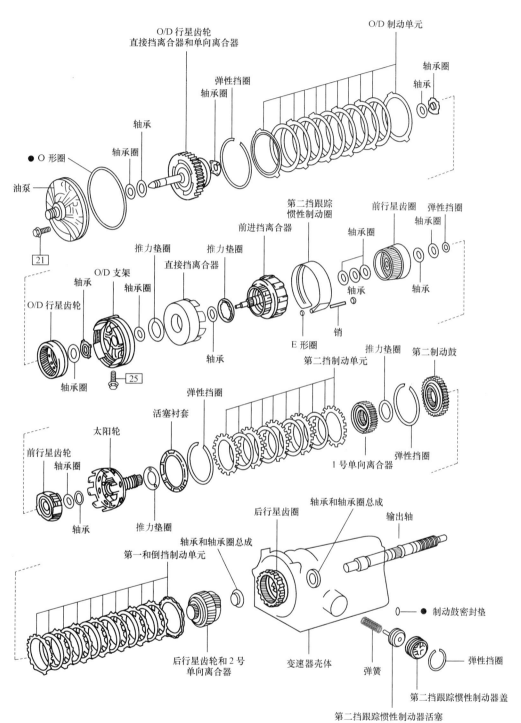

图 8-3 A341E 自动变速器内部结构简图

各换挡执行元件的名称与其功能有关系。

引导问题2 A341E 自动变速器各挡位换挡执行元件是如何工作的？

变速器在各挡位时，换挡执行元件的工作情况见表8-2。

换挡执行元件工作表　　　　　　　表8-2

变速杆位置	挡位	换挡执行元件										发动机制动
		C0	C1	C2	B0	B1	B2	B3	F0	F1	F2	
P	驻车挡	○										
R	倒挡	○		○			○	○				
N	空挡	○										
D	1挡	○	○								○	
	2挡	○	○			○			○	○		
	3挡	○	○	○					○			
	4挡(OD挡)		○	○	○							
2	1挡	○	○						○	○		
	2挡	○	○			○	○		○	○		○
	3挡*	○	○	○					○			○
L	1挡	○	○					○		○		
	2挡*	○	○			○	○		○	○		○

说明：○表示换挡元件工作。

引导问题3 A341E 自动变速器各挡位是怎样实现的？其动力传递路线是怎样的？

与辛普森式三挡自动变速器的结构相比较，丰田 A341E 型自动变速器是在辛普森式三挡自动变速器的基础上增加一组超速行星齿轮机构，实现超速挡传动的。除超速挡以外的挡位工作情况与辛普森式三挡自动变速器的工作情况完全一样。

项目四 行星齿轮机构拆装检查及挡位路线的认识

1 不在超速挡时的工作情况

(1)工作元件:C0、F0一直工作。

由于C0和F0一直工作,因此超速行星排的太阳轮和行星架连成一体转动,整个超速行星排不改变传动比,直接把动力通过中间轴传递给后面的3速行星齿轮机构,如图8-2所示。

因此A341E自动变速器不在超速挡工作时,超速行星排只充当传递动力的桥梁,不改变传动比,把动力传递给后面的行星齿轮机构,由后面的行星齿轮机构实现不同的挡位。

(2)不在超速挡时的动力传递路线,如图8-4所示。

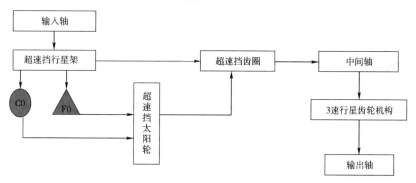

图8-4 不在超速挡时的动力传递路线

2 在超速挡时的工作情况

(1)工作元件:C1、C2、B0。

由于B0工作,固定了超速挡太阳轮,动力经超速行星排的行星架传递给齿圈,在超速行星排实现超速传动。而后面的行星齿轮机构由于C1、C2工作,使太阳轮和齿圈转速相同,因此后排行星齿轮机构不改变传动比,如图8-5所示。

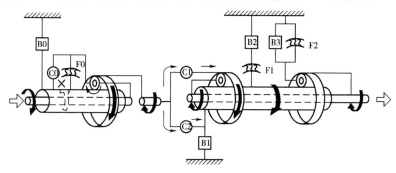

图8-5 在超速挡时的工作情况

（2）超速挡时的动力传递路线如图8-6所示。

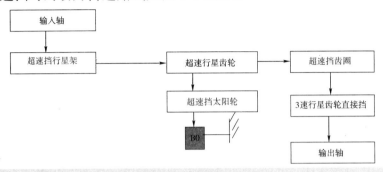

图8-6　超速挡时的动力传递路线

引导问题4　超速挡（OD）离合器C0有何作用？它由哪些零件组成？

超速挡（OD）离合器C0的作用是连接超速行星排太阳轮与超速行星排行星架。超速挡（OD）离合器的结构如图8-7所示。

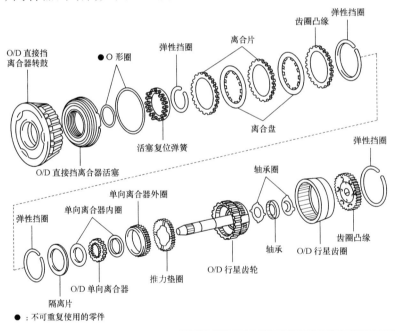

图8-7　超速挡（OD）离合器的结构

引导问题5　超速挡制动器（B0）有何作用？它由哪些零件组成？

超速挡制动器（B0）的主要作用是在超速挡时固定超速行星排的太阳轮。超速挡制动器的结构如图 8-8 所示。

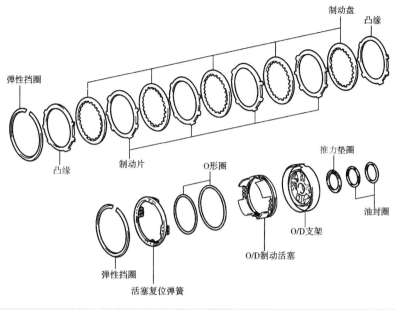

图 8-8　超速挡制动器的结构

引导问题 6　前进挡离合器（C1）有何作用？它由哪些零件组成？

前进挡离合器的作用是连接中间轴与前行星排齿圈。前进挡离合器的结构如图 8-9 所示。

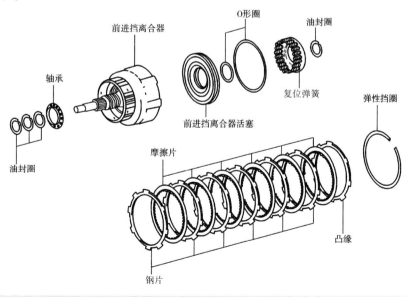

图 8-9　前进挡离合器的结构

引导问题 7 ▶ 直接挡、倒挡离合器(C2)有何作用？它由哪些零件组成？

直接挡、倒挡离合器(C2)的主要作用是连接中间轴与前后行星排太阳轮。直接挡、倒挡离合器的结构如图 8-10 所示。

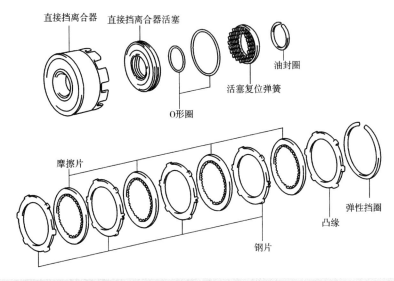

图 8-10　直接挡、倒挡离合器的结构

引导问题 8 ▶ 2 挡制动器(B2)有何作用？它由哪些零件组成？

2 挡制动器的作用是制动 F1 外座圈，当 F1 也起作用时，可以防止前、后行星排太阳轮逆时针转动。2 挡制动器的结构如图 8-11 所示。

引导问题 9 ▶ 2 挡单向超越离合器(F1)有何作用？它由哪些零件组成？

2 挡单向超越离合器 F1 又称 1 号单向离合器，它的作用是当 B2 工作时，防止前后行星排太阳轮逆时针转动。2 挡单向超越离合器的结构如图 8-12 所示。

引导问题 10 ▶ 低挡及倒挡制动器(B3)有何作用？它由哪些零件组成？

低挡及倒挡制动器的作用是固定后行星排行星架。低挡及倒挡制动器的结构如图 8-13 所示。

项目四 行星齿轮机构拆装检查及挡位路线的认识

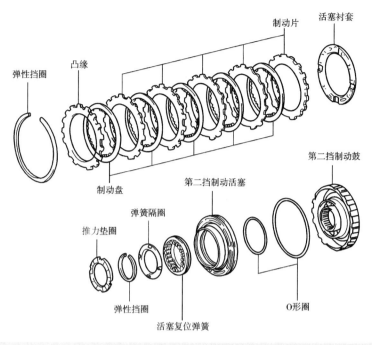

图 8-11 2挡制动器的结构

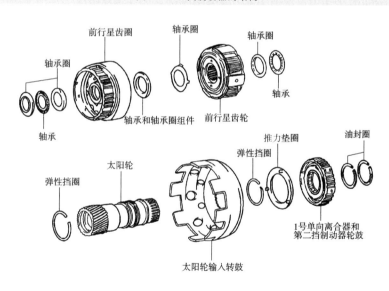

图 8-12 前行星排和2挡单向超越离合器的结构

引导问题 11 ▶ 低挡单向超越离合器（F2）有何作用？它由哪些零件组成？

低挡单向超越离合器 F2 的作用是防止后行星排行星架逆时针转动。低挡单向超越离合器的结构如图 8-14 所示。

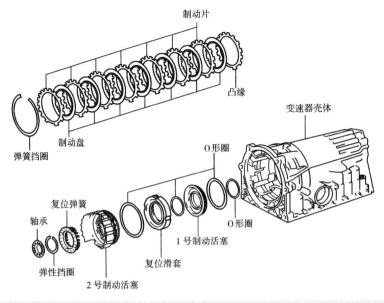

图8-13　低挡及倒挡制动器的结构

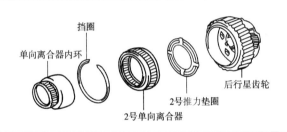

图8-14　低挡单向超越离合器的结构

二　实施作业

引导问题12　作业前应该准备哪些工具和设备？

(1) 工具：常用工具一套、塞尺、游标卡尺、直尺、轴承顶拔器。
(2) 设备：空气压缩机、操作台、A341E自动变速器4台。
(3) 维修手册、工作记录表、评分表。

引导问题13　如何进行作业前的准备工作？

(1) 现场安全确认：车辆、举升机、工位安全确认。
(2) 车辆防护：翼子板布、前格栅布、座椅套、转向盘套、地板垫、车轮挡块。

引导问题 14　通过查询和查找，你能找到以下信息吗？

请完成车辆基本信息表，见表 8-3。

车辆基本信息表　　　　　　　　　　　　　表 8-3

项　目	具体信息
车牌号码	
行驶里程	
发动机型号及排量	
车辆识别代码（VIN）	

引导问题 15　怎样分解自动变速器附件？

丰田 A341E 自动变速器附件如图 8-1 所示。

分解步骤如下。

（1）清洁变速器外部，拆除所有安装在自动变速器壳体上的零部件，如加油管、空挡起动开关、车速传感器、输入轴传感器等。

（2）从自动变速器前方取下液力变矩器，松开紧固螺栓，拆下自动变速器前端的液力变矩器壳，拆除输出轴凸缘和自动变速器后端壳，从输出轴上拆下车速传感器的感应转子。

（3）拆下油底壳：取下油底壳连接螺栓后，用维修专用工具的刃部插入变速器与油底壳之间，切开所涂密封胶，注意不要损坏油底壳凸缘。

（4）检查油底壳中的颗粒。拆下磁铁，观察其收集的金属颗粒，若是钢（磁性）材料，则说明轴承、齿轮和离合器钢片存在磨损，若是黄铜（非磁性）材料，则说明是衬套磨损。

（5）拆下连接在阀板上的所有线束插头，拆下 4 个电磁阀，拆下与节气门阀连接的节气门拉索，用一字螺丝刀把液压油管小心地撬起取下，松开进油滤网与阀板之间的固定螺栓，从阀板上拆下进油滤清器。

（6）拔下连接在阀板上的所有线束插头，拆除与节气门连接的节气门拉索，松开阀板与自动变速器壳体之间的固定螺栓，如图 8-15 所示，取下阀板总成。

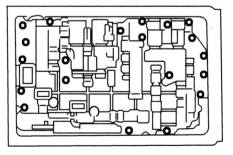

图 8-15　A341E 和 A342E 自动变速器阀板固定螺栓

阀板上的螺栓除了一部分是固定在自动变速器壳体上之外,还有许多是上下阀板之间的固定螺栓。在拆卸阀板总成时,应对照相应的自动变速器维修手册,认准阀板与自动变速器壳体之间的固定螺栓。若没有自动变速器维修手册,则在拆卸阀板时,应先松开阀板四周的固定螺栓,再检查阀板总成是否松动。若未松动,可将阀板中间的所有螺栓逐个松开少许,直至阀板总成松动为止,即可找出阀板上所有固定在自动变速器壳体上的固定螺栓。

(7)取出自动变速器壳体油路中的止回阀和弹簧,如图8-16a)所示。

(8)取出自动变速器壳体上的减振器(减振器又称储能器或蓄压器)活塞。方法是:用手指按住减振器活塞,从减振器活塞周围相应油孔中缓慢吹入压缩空气,如图8-16b)所示,将减振器活塞吹出。

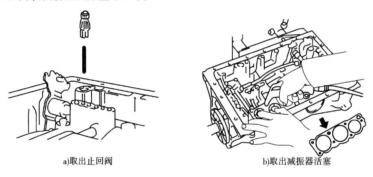

a)取出止回阀　　　　　　　　　b)取出减振器活塞

图8-16　取出止回阀和活塞

(9)拆下油泵周围的固定螺栓。

(10)用专用工具拉出油泵总成,如图8-17所示。

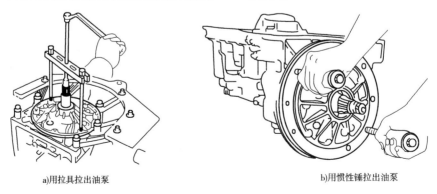

a)用拉具拉出油泵　　　　　　　　　b)用惯性锤拉出油泵

图8-17　油泵的拆卸

项目四 行星齿轮机构拆装检查及挡位路线的认识

引导问题16 ▶ 怎样分解行星齿轮变速机构？

根据表8-4进行分解行星齿轮机构。

分解自动变速器行星齿轮机构   表8-4

步骤	图　示	内　容	完成情况
1		取出超速行星架和直接离合器组件及超速齿圈	是□ 否□
	注意：在分解自动变速器时，应将所有组件和零件按分解顺序依次排放，以便于检修和组装。要特别注意各个推力垫片、推力轴承的位置，不可错乱		
2		用一字螺丝刀拆下超速制动器卡环，取出超速制动器钢片和摩擦片。拆下超速制动器鼓的卡环，松开壳体上的固定螺栓，用拉具拉出超速制动器鼓	是□ 否□
	注意：用拉具拉出超速制动器鼓时要保持平衡拉出		
3		从外壳上拆下2挡强制制动带液压缸缸盖卡环，用手指按住液压缸缸盖，从液压缸进油孔中缓慢吹入压缩空气，将液压缸缸盖和活塞吹出	是□ 否□
4		取出中间轴、高挡及倒挡离合器和前进离合器组件。拆出2挡强制制动带锁轴，取出制动带	是□ 否□

续上表

步骤	图 示	内 容	完成情况
5	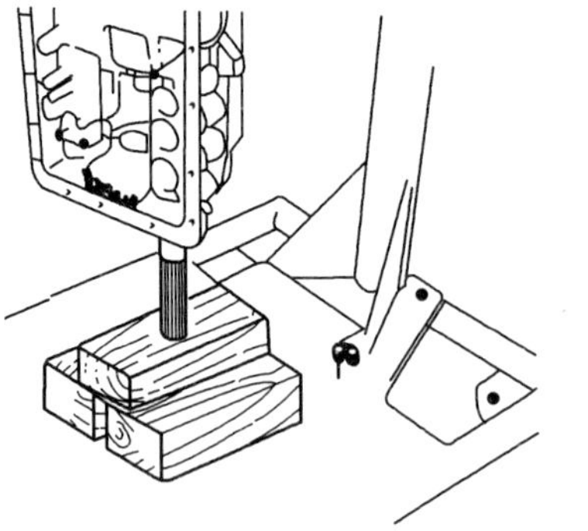	将自动变速器立起,用木块垫住输出轴	是□ 否□
6	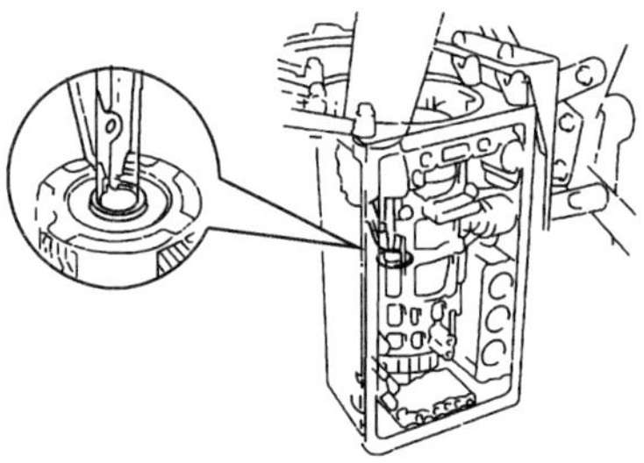	拆下前行星架上的卡环	是□ 否□
7	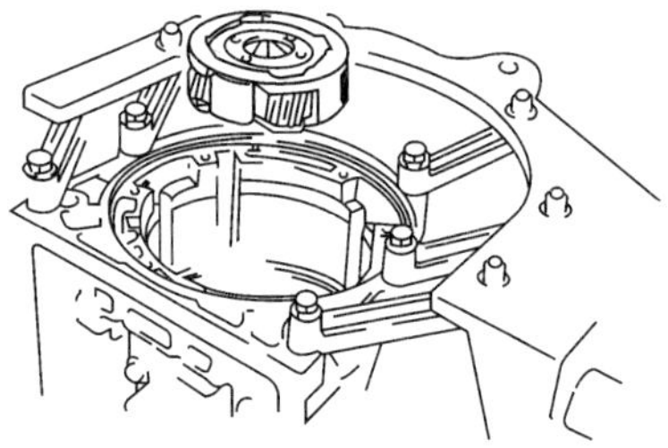	取出前行星架和行星齿轮组件	是□ 否□
8	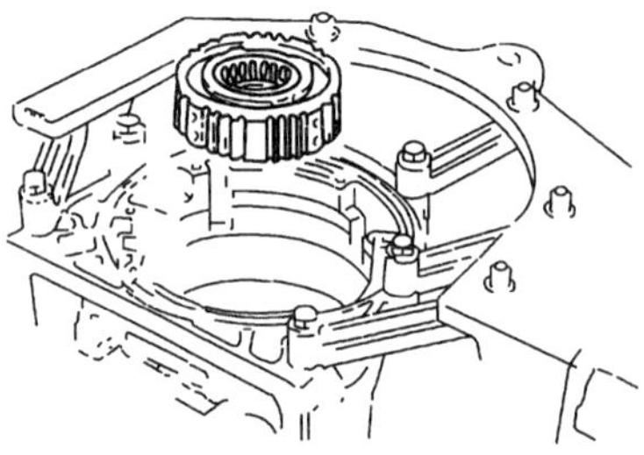	取出前后太阳轮组件和低挡单向超越离合器	是□ 否□

续上表

步骤	图示	内容	完成情况
9	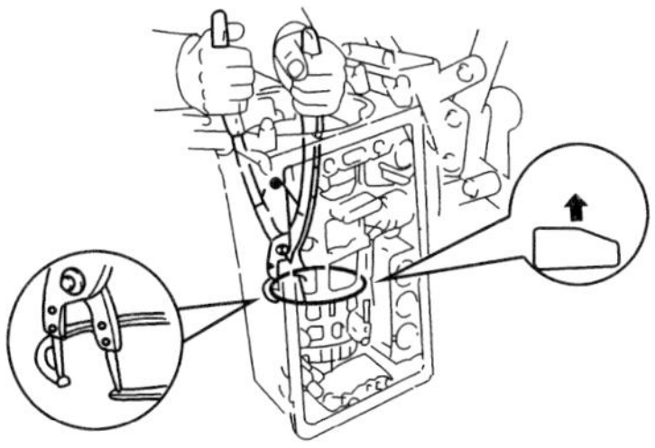	拆下卡环，取出2挡制动器所有摩擦片、钢片及活塞衬套，拆卸2挡制动器	是□ 否□
10	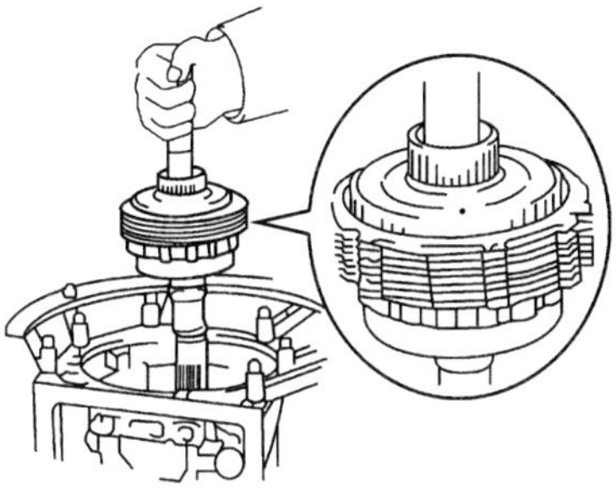	拆下卡环，取出输出轴、后行星排、前进挡单向超越离合器、低挡及倒挡制动器和2挡制动器鼓组件	是□ 否□

引导问题17 动手观察各换挡执行元件的功能，并将结果记录在表8-5中。

作业记录表　　　　　　　　　　　　　表8-5

换挡执行元件		与主动件连接的元件	与从动件连接的元件	功　能
C0	超速挡(OD)离合器	超速挡行星架	超速挡太阳轮	把动力从超速挡行星架传递给太阳轮
C1	前进挡离合器			
C2	直接挡、倒挡离合器			
B0	超速挡(OD)制动器			
B1	2挡滑行制动器			
B2	2挡制动器			
B3	低挡、倒挡制动器			
F0	超速挡(OD)单向离合器			
F1	2挡(一号)单向离合器			
F2	低挡(二号)单向离合器			

引导问题18 离合器的检查工艺流程是怎样的？

自动变速器出现某些挡位无力或打滑故障时，说明相应的离合器出现故障，应按照基本的维修工艺流程对自动变速器进行检查和维修,如图 8-18 所示。

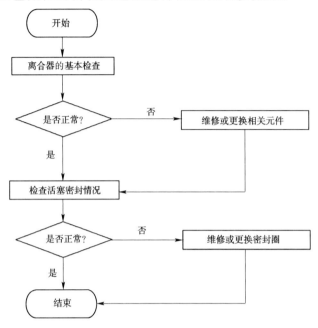

图 8-18　离合器检查工艺流程图

引导问题 19　怎样分解超速挡(OD)离合器(C0)?

根据表 8-6 分解超速挡离合器。

分解超速挡离合器作业表　　　　　　　　　　　表 8-6

1		用一字螺丝刀拆除卡环,取出挡圈、摩擦片、钢片	是□　否□
2		使用专用工具,将活塞复位弹簧座圈压下,用卡环钳或一字螺丝刀拆下卡环,取出弹簧座圈和复位弹簧	是□　否□

项目四 行星齿轮机构拆装检查及挡位路线的认识

续上表

3	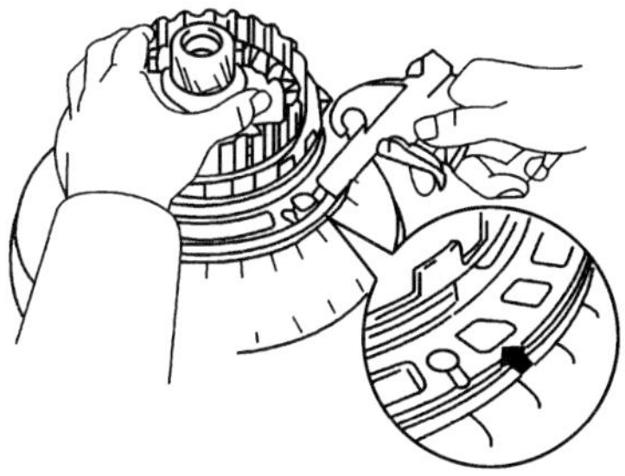	先将油泵安装在变矩器上,再将直接挡离合器安装在油泵上,从油路内吹入压缩空气,取出活塞	是□ 否□

注意:空气流速不要太快,否则倒挡离合器活塞和 ATF 会飞出来。慢慢地吹入,同时用无绒布保护

引导问题 20 **怎样检查超速挡离合器(C0)?**

根据表 8-7 检查超速挡离合器。

检查超速挡离合器作业表　　　　　　　　　　　　表 8-7

1	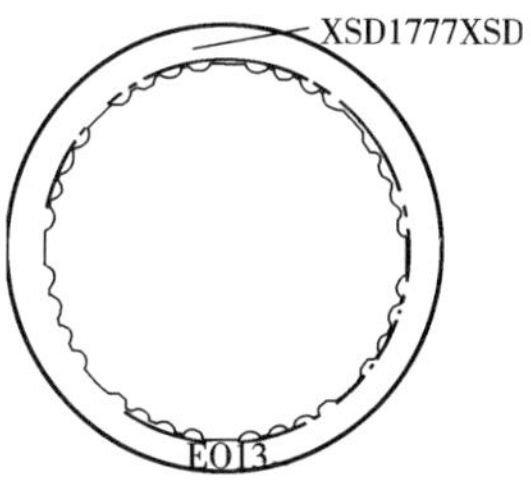	检查离合器的摩擦片,如有烧焦、表面粉末冶金层脱落或翘曲变形,应更换。许多自动变速器的摩擦片表面上印有符号,若这些符号已被磨去,说明摩擦片已磨损至极限,应更换	是□ 否□
2	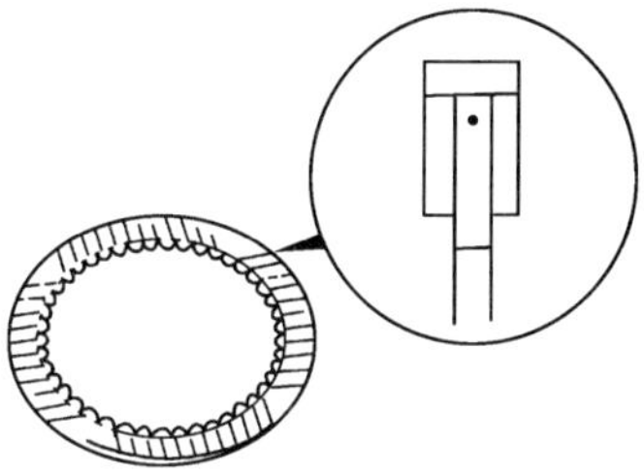	测量摩擦片的厚度,若小于极限厚度,则应更换	是□ 否□
3	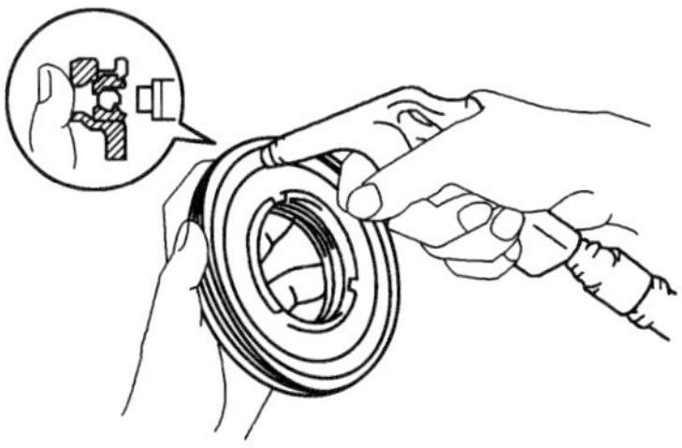	检查离合器活塞上的止回阀,其阀球应能在阀座内活动自如。用压缩空气或煤油检查止回阀的密封性,从液压缸一侧往止回阀内吹气,密封应良好。如有异常,应更换活塞	是□ 否□

引导问题 21　怎样正确装配超速挡（OD）离合器？

根据表 8-8 装配超速挡离合器。

装配超速挡离合器作业表　　　　　表 8-8

步骤	图　示	内　容	完成情况
	小提示：装配前应在所有配合零件表面上涂少许液压油。更换摩擦片或制动带时，应将新的摩擦片或制动带放在干净的液压油中浸泡 15min 后安装		
1		安装复位弹簧座圈的卡环，应确认卡环已落在弹簧座圈上的槽内	是□　否□
2		将碟形片放置在下面第一片的位置上，使之与活塞接触，并使碟形片的凹面向上	是□　否□
3		摩擦片和钢片要按拆卸时的顺序交错排列。摩擦片和钢片原则上没有方向性，正反面都可安装。安装上卡环	是□　否□
	注意：在安装挡圈时，有台阶的一面应朝上，让平整的一面与摩擦片接触		
4		检查活塞的工作是否正常。按照分解时的方法，向油道内吹入压缩空气，检查活塞能否向上移动，将钢片和摩擦片压紧。若吹入压缩空气后活塞不能移动，则应检查漏气的部位，分解修复后再重新安装	是□　否□

续上表

步骤	图示	内容	完成情况
5		用塞尺测量离合器的自由间隙。若自由间隙不符合标准,可采用更换不同厚度挡圈的方法来调整	是□ 否□

引导问题22 怎样正确检查超速挡制动器、倒挡及高速挡离合器、前进挡离合器、2挡制动器、低速挡及倒挡制动器、2挡强制制动器？

超速挡制动器、倒挡及高速挡离合器、前进挡离合器、2挡制动器、低速挡及倒挡制动器、2挡强制制动器的分解、检查与直接挡离合器相同,仅维修数据不同。请查阅维修手册进行分解检查,并与维修数据对比填入工作表(表8-9～表8-14),并进行分析。

超速挡制动器作业记录表　　　　　　　　　　　　表8-9

检查项目	检查结果	标准(mm)	极限值(mm)	结果分析
钢片厚度				
摩擦片厚度				
碟形片厚度				
活塞复位弹簧自由长度				
间隙				

倒挡及高速挡离合器作业记录表　　　　　　　　　表8-10

检查项目	检查结果	标准(mm)	极限值(mm)	结果分析
钢片厚度				
摩擦片厚度				
碟形片厚度				
活塞复位弹簧自由长度				
间隙				

前进挡离合器作业记录表　　　　　　　　　　　　表8-11

检查项目	检查结果	标准(mm)	极限值(mm)	结果分析
钢片厚度				
摩擦片厚度				
碟形片厚度				
活塞复位弹簧自由长度				
间隙				

2挡制动器作业记录表　　　　　　　　　　　　　　表8-12

检查项目	检查结果	标准(mm)	极限值(mm)	结果分析
钢片厚度				
摩擦片厚度				
碟形片厚度				
活塞复位弹簧自由长度				
间隙				

低速挡和倒挡制动器作业记录表　　　　　　　　　　表8-13

检查项目	检查结果	标准(mm)	极限值(mm)	结果分析
钢片厚度				
摩擦片厚度				
碟形片厚度				
活塞复位弹簧自由长度				
间隙				

2挡强制制动器作业记录表　　　　　　　　　　　　表8-14

检查项目	检查结果	标准(mm)	极限值(mm)	结果分析
钢片厚度				
摩擦片厚度				
碟形片厚度				
活塞复位弹簧自由长度				
间隙				

引导问题23　怎样分解行星排、单向超越离合器？

在分解行星排、单向超越离合器之前，应先确认各个单向超越离合器的锁止方向，其方法是：用手握住与单向超越离合器内外圈连接的零件，分别朝不同方向做相对转动，检查并记录内外圈的相对锁止方向。特别是在没有详细技术资料的情况下维修自动变速器时，一定要做好这一记录；否则，一旦分解后不能按原有安装方向装复，将会使自动变速器不能正常工作，必须再次分解自动变速器进行检查，造成返工。

1 超速行星排、直接挡单向超越离合器的分解

按图8-19所示方法检查直接挡单向超越离合器的锁止方向，应使该单向超越离

合器外圈(行星架)相对于内圈(直接挡离合器鼓)在逆时针方向(由自动变速器前方看,下同)锁止,在顺时针方向可以自由转动。

2 前行星排、2挡单向超越离合器的分解

(1)用左手握住太阳轮驱动鼓、右手转动2挡单向超越离合器外圈,检查2挡单向超越离合器的锁止方向,如图8-20,应使外圈相对于内圈在逆时针方向锁止,在顺时针方向能自由转动。

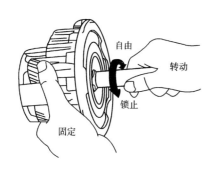
图8-19 直接挡单向超越离合器锁止方向的检查

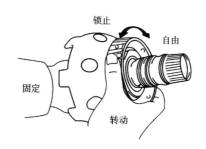
图8-20 2挡单向超越离合器锁止方向的检查

(2)按图8-21所示顺序分解前行星排和2挡单向超越离合器。

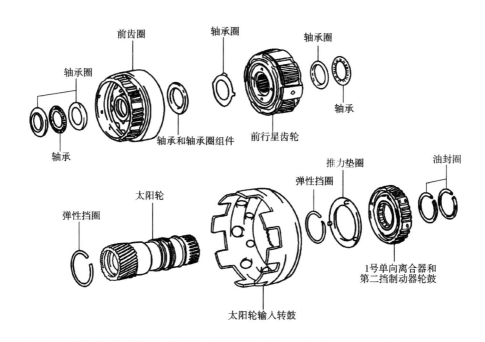
图8-21 前行星排和2挡单向超越离合器的分解

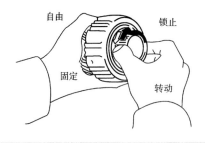

图8-22 低挡单向超越离合器锁止方向的检查

3 后行星排、低挡单向超越离合器的分解

（1）按图8-22所示方法，用左手握住后行星架、右手转动低挡单向超越离合器内圈，检查其锁止方向，应使内圈相对于外圈在顺时针方向锁止、在逆时针方向可以自由转动。

（2）按图8-23所示顺序分解后行星排和低挡单向超越离合器。

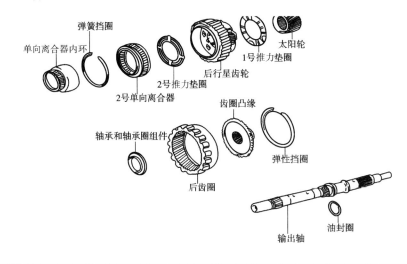

图8-23 后行星排和低挡单向超越离合器的分解

引导问题24　怎样检查行星排、单向超越离合器？

（1）检查太阳轮、行星齿轮、齿圈的齿面，如有磨损或疲劳剥落，应更换整个行星排。

（2）检查行星齿轮与行星架之间的间隙，如图8-24所示，其标准间隙为0.2~0.6mm，最大不得超过1.0mm，否则应更换推力垫片或行星架和行星齿轮组件。

（3）检查太阳轮、行星齿轮、齿圈等零件的轴颈或滑动轴承处有无磨损，如有异常，应换用新件。

（4）检查单向超越离合器，如滚柱破裂、滚柱保持架断裂或内外圈滚道磨损起槽，应换用新件。如果在锁止方向上有打滑或在自由转动方

图8-24 行星齿轮与行星架之间间隙的检查

向上有卡滞,也应更换。

引导问题 25　怎样装配行星排、单向超越离合器和各轴承?

(1)将行星排和单向超越离合器的所有零件清洗干净,涂上少许 ATF,按分解相反的顺序进行装配。

(2)安装好单向超越离合器之后,应再次检查,保证其锁止方向正确,在自由转动方向上转动灵活。

自动变速器的组装应在所有零部件均已清洗干净,各离合器、制动器、阀板、油泵等总成均已装配好并调整完毕后进行。在组装时,应注意以下几个问题。

(1)组装自动变速器时,应更换自动变速器各接合平面及轴颈上的所有密封圈或密封环。

(2)在安装一些小零件(如推力轴承、推力垫片、密封环等)时,为了防止零件掉落,可在小零件表面上涂抹一些凡士林,以便将小零件固定在安装位置上。

(3)在组装过程中,要特别注意各个推力轴承、推力垫片的位置和方向,不能错乱。

图 8-25 所示为 A341E 自动变速器各个推力轴承及推力垫片的位置。

A341E 自动变速器推力轴承及推力垫片的规格见表 8-15。

A341E 推力轴承及推力垫片规格　　　　表 8-15

序号	名称	前推力垫片		推力轴承		后推力垫片	
		内径(mm)	外径(mm)	内径(mm)	外径(mm)	内径(mm)	外径(mm)
1	超速行星架推力轴承	28.1	47.5	28.8	50.4		
2	超速齿圈推力轴承	27.2	42.0	25.9	47.0	24.0	48.0
3	超速制动鼓推力轴承	37.1	59.0	33.6	50.3		
4	倒挡及高挡离合器推力轴承	37.0	51.0	33.5	47.8		
5	前齿圈推力轴承	26.0	48.9	25.9	47.0	26.5	47.0
6	前行星架推力轴承			35.0	53.8	34.0	48.0
7	前后太阳轮推力轴承	33.5	47.8	35.4	48.0		
8	后行星架推力轴承			27.6	54.5		
9	后齿圈推力轴承			39.0	57.7		

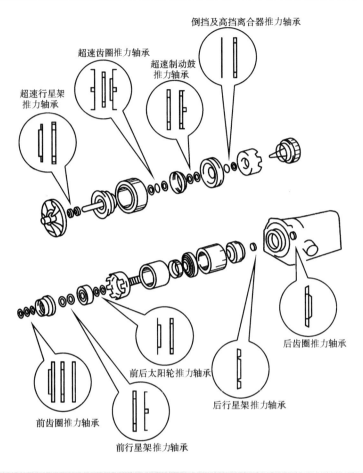

图 8-25 A341E 自动变速器推力轴承及推力垫片位置

引导问题26　怎样正确组装行星齿轮变速器？

根据表 8-16 组装行星齿轮机构。

组装自动变速器行星齿轮机构　　　　表 8-16

步骤	图　示	内　容	完成情况
1		将推力轴承和装配好的输出轴、后行星排和低挡及倒挡制动器组装入变速器壳体	是□　否□

续上表

步骤	图 示	内 容	完成情况
2	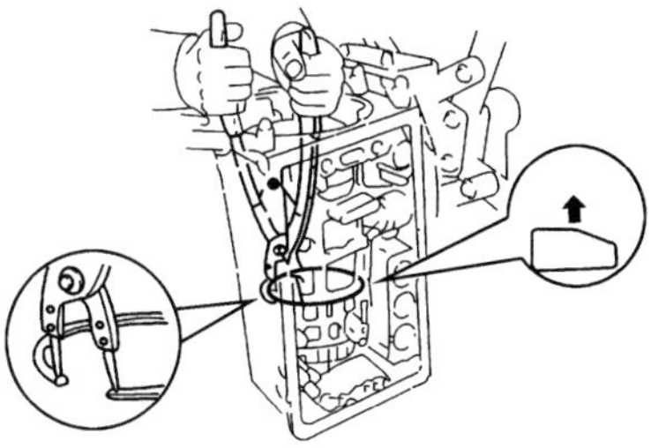	装入2挡制动器	是□ 否□
	注意:制动器鼓上的进油孔朝向自动变速器下方(阀板一侧)。安装卡环时,注意使卡环有倒角的一面朝上		
3	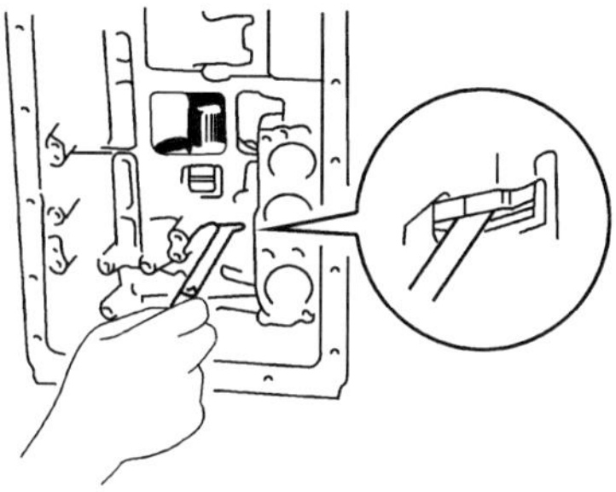	用塞尺测量低挡及倒挡制动器的自由间隙,如不符合标准,应取出低挡及倒挡制动器,更换不同厚度的挡圈,予以调整	是□ 否□
4	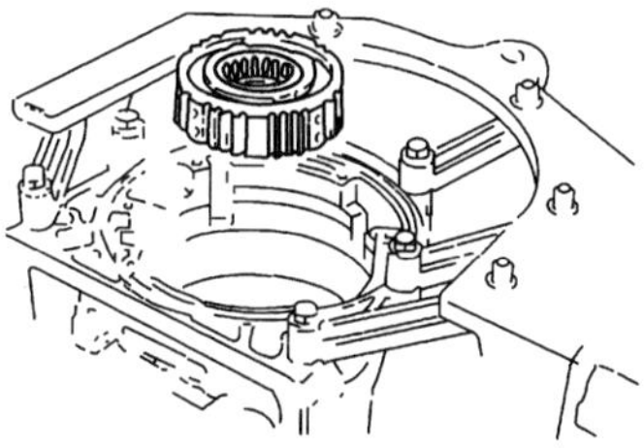	装入2挡制动器活塞衬套、推力垫片和低挡单向超越离合器	是□ 否□
	注意:低挡单向超越离合器的安装方向		
5	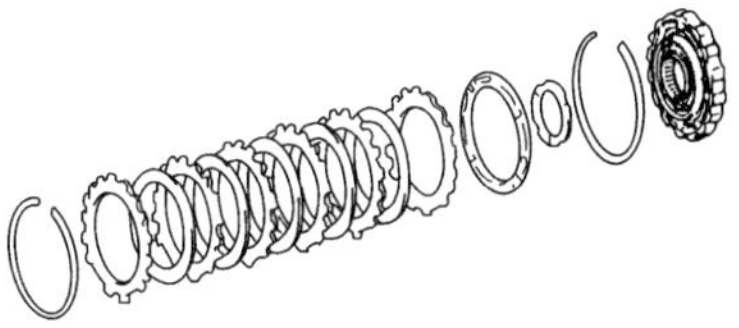	将2挡制动器的钢片和摩擦片装入变速器壳体,装入卡环。用塞尺测量2挡制动器的自由间隙。如不符合标准,应更换不同厚度的挡圈,予以调整	是□ 否□
6	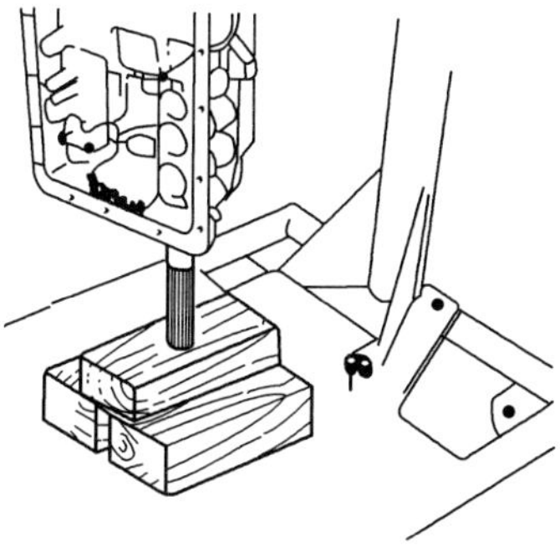	将自动变速器立起,用木块垫住输出轴,安装前行星架上的卡环及推力垫片	是□ 否□

续上表

步骤	图　示	内　　容	完成情况
7	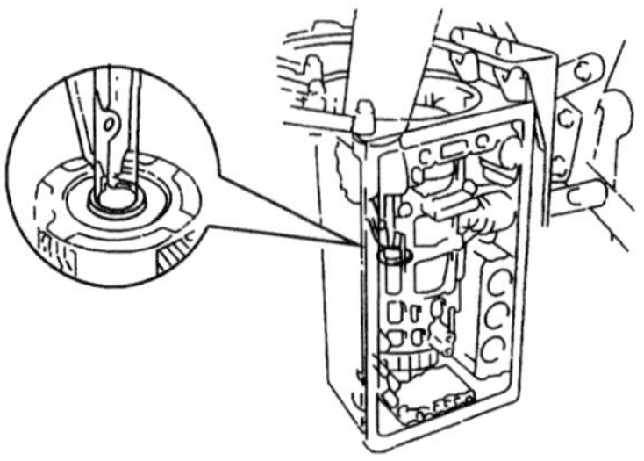	安装前行星架上的卡环	是□　否□
8	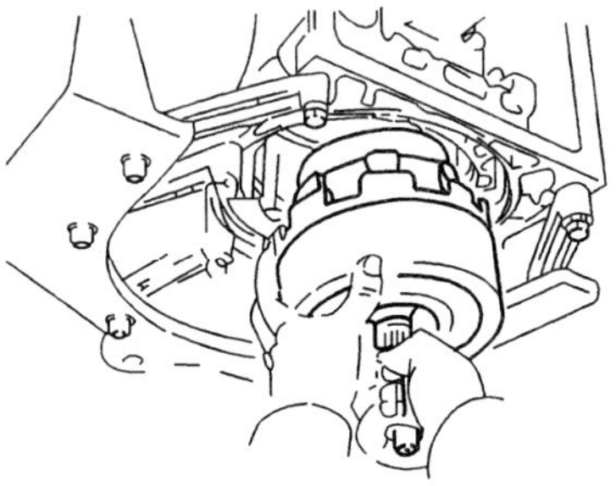	让自动变速器前部朝下,将组装在一起的倒挡及高挡离合器组件、前进离合器组件及前齿圈装入变速器。让倒挡及高挡离合器鼓上的卡槽插入前后太阳轮驱动鼓上的卡槽内	是□　否□
9	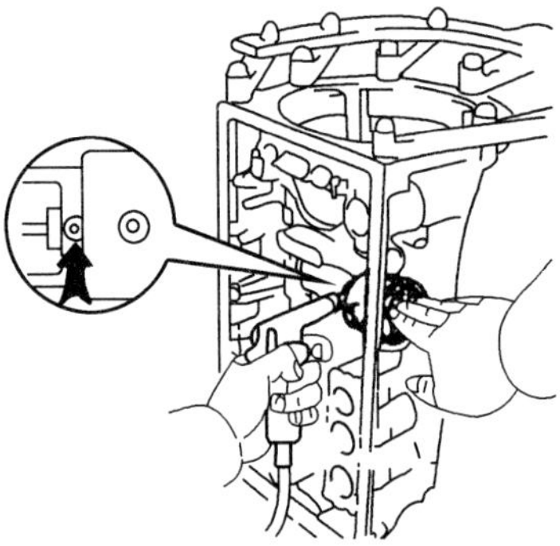	安装2挡强制制动活塞及液压缸缸盖。 在活塞推杆上作一个记号,将压缩空气吹入2挡强制制动带液压缸进油孔,使活塞推杆伸出,然后用塞尺测量推杆的移动量,该值即为2挡制动带的自由间隙。如不符合标准,应更换不同长度的活塞推杆,予以调整	是□　否□
10		安装超速制动器钢片和摩擦片,装上卡环。将压缩空气吹入超速制动器进油孔,检查超速制动器工作情况,并测量超速制动器的自由间隙,如不符合标准,应更换不同厚度的挡圈,予以调整	是□　否□

续上表

步骤	图示	内容	完成情况
11		装入超速行星架、直接挡离合器组件及推力轴承。安装油泵,对角拧紧油泵固定螺栓,其拧紧力矩为21N·m	是□ 否□
12	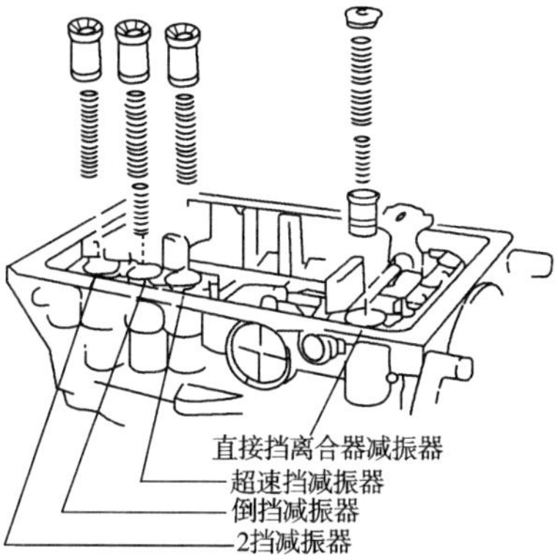 直接挡离合器减振器 超速挡减振器 倒挡减振器 2挡减振器	安装四个减振器活塞及其弹簧。在安装之前,应更换所有减振器活塞上的O形密封圈,并在活塞上涂少许液压油	是□ 否□
	注意:为防止装错减振器弹簧,应测量各个弹簧的长度、外径,并与表8-17进行比较		
13	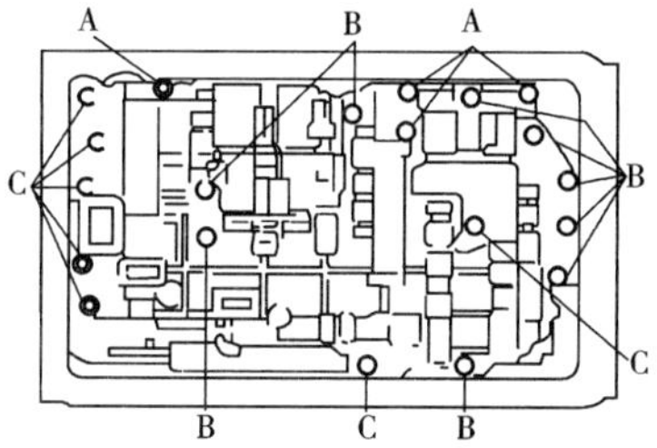 阀板固定螺栓位置及规格 A-长度为28.6mm;B-长度为33.6mm; C-长度为41.6mm	将阀板总成装入自动变速器,将不同长度的固定螺栓装入相应的位置,按10N·m的力矩拧紧各个固定螺栓。安装油底壳。安装自动变速器外壳上的其他部件,如车速传感器、输入轴转速传感器、挡位开关、加油管等	是□ 否□

A341E自动变速器减振器弹簧规格见表8-17。

A341E自动变速器减振器弹簧规格 表8-17

序号	名 称	自由长度(mm)	外径(mm)
1	2挡减振器弹簧	75.25	19.97
2	倒挡减振器内弹簧	40.00	14.11
3	倒挡减振器外弹簧	70.78	20.10
4	超速挡减振器弹簧	66.97	16.24
5	直接挡离合器减振器外弹簧	65.35	20.59
6	直接挡离合器减振器内弹簧	38.42	14.03

三 评价与反馈

请完成评价反馈表,见表8-18。

评价反馈表　　　　　　　　　　　　表8-18

请根据你自己在工作中和课堂上的表现,对自己进行客观的评价,看看你能获得几颗星?

评价项目	5颗星	3颗星	1颗星	评价结果
知识掌握情况	掌握相关理论知识,并能运用到实际操作中,任务完成良好	基本能够理解相关理论知识,能够完成相应工作	对相关理论知识不明白,不能或者难以完成相应的工作	
动手实践情况	积极参加,做好安全保护工作,注重工作质量	会动手实践,安全保护措施到位,工作质量较好	出现安全隐患,不知道如何动手实践	
小组合作情况	与小组成员配合工作很愉快	与小组其他同学配合工作交流较少	没有与其他同学进行交流	
6S执行情况	值日认真,服从指挥,工位、工装整洁,职业形象好	值日较认真,出现迟到或其他违纪情况	出现忘记值日、工位或工装不整洁的情况	
哪些方面需要改进				
教师点评				
学生姓名		小组长签名		
教师签名		日期		

四 学习拓展

(1)D1挡时有哪些元件工作?试画出动力传递路线图。

(2)D4挡时有哪些元件工作?试画出动力传递路线图。

(3)R挡时工作元件有哪些？试画出动力传递路线图。

学习任务九　日产 RE4F03A 自动变速器拆装及挡位路线的认识

学习目标

◎ 知识目标

(1)能够根据分解后的变速器实物画出机械传动原理图。

(2)能够掌握换挡执行元件的结构、原理与检修。

(3)能够掌握 CR-CR 行星齿轮变速器的结构和各挡动力传递路线。

◎ 技能目标

(1)能够使用各种媒体查阅所需资料。

(2)能够制订自动变速器的拆装计划、流程。

(3)能根据维修手册,安全规范地分解、组装各换挡执行元件,并能进行检查,记录结果。

◎ 素养目标

(1)能够制订工作计划,独立完成工作任务。

(2)能够在工作过程中,与小组其他成员合作、交流并进行任务分工,具备团队合作和安全操作的意识。

建议完成本学习任务的时间为 **12** 课时。

学习任务描述

一辆装备 RE4F03A 自动变速器的日产轿车在检修时,车主反映:车辆行驶过程中出现升挡过迟和无 4 挡的故障。需要你进行检测,确定故障部位并进行修理。

学习内容

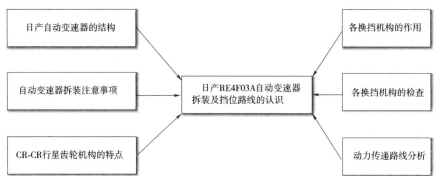

 注意事项

(1)注意人身安全,认真执行6S管理。

(2)在分解自动变速器时,应将所有组件和零件按分解顺序依次摆放,以便于检修和组装。要特别注意各个推力垫片、推力轴承的位置,不可错乱。

(3)分解行星排、单向离合器时,应先确认各个单向离合器的锁止方向,其方法是:用手握住与单向离合器内外圈连接的零件,分别朝不同的方向做相对转动,检查并记录内外圈的相对锁止方向。特别是在没有详细技术资料的情况下维修自动变速器时,一定要做好这一项记录,否则,一旦分解后不能按原安装方向装复,将会使自动变速器不能正常工作,必须再次分解自动变速器进行检查,造成返工。

(4)自动变速器的安装应在所有零件均已清洗干净,各离合器、制动器、阀体、油泵等总成均已装配好并调整完毕后进行。

(5)安装自动变速器时,应更换自动变速器各接合面及轴颈上的所有密封圈或密封环。

(6)安装一些小零件时,为了防止零件掉落,可在小零件表面上涂抹一些普通润滑脂或凡士林,以便将小零件固定在安装位置上。

 一、资料收集

引导问题1 日产RE4F03A自动变速器结构特点是什么?

日产RE4F03A自动变速器双排行星齿轮机构采用CR-CR的连接方式,具有四个前进挡。其控制方式采用半电子液压控制,使用两个换挡电磁阀控制换挡。日产 RE4F03A 的结构如图 9-1 所示,结构示意图如图 9-2 所示。

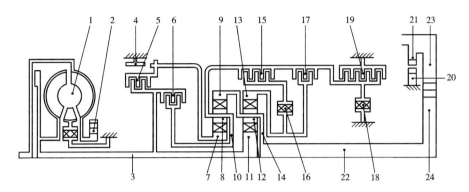

图 9-1　日产 RE4F03A 结构图

1-变矩器;2-机油泵;3-输入轴;4-制动带;5-倒挡离合器;6-高速挡离合器;7-前太阳轮;8-前行星齿轮;9-前齿圈;10-前行星架;11-后太阳轮;12-后行星齿轮;13-后齿圈;14-后行星架;15-前进挡离合器;16-前进挡单向离合器;17-超越离合器;18-低速挡单向离合器;19-低速挡和倒挡制动器;20-驻车爪;21-驻车齿轮;22-输出轴;23-惰轮;24-输出齿轮

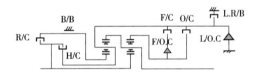

图 9-2　日产 RE4F03A 结构示意图

引导问题2　日产 RE4F03A 自动变速器各执行元件的名称和功能是什么?

日产 RE4F03A 自动变速器各执行元件的名称及作用见表 9-1。

RE4F03A 各执行元件的名称及作用　　　　　表 9-1

离合器和制动器名称	简写	功　　能
倒挡离合器	R/C	将输入动力传递给前太阳轮 7
高速挡离合器	H/C	将输入动力传递给前行星架 10
前进挡离合器	F/C	将前行星架 10 和前挡单向离合器 16 连接到一起
超越离合器	O/C	将前行星架 10 后齿圈 13 连接到一起
制动带	B/B	锁止前太阳轮
前进挡单向离合器	F/O.C	当前进挡离合器 15 接合时,防止后齿圈 13 沿与发动机运转方向相反的方向转动
低速挡单向离合器	L/O.C	防止前行星架 10 沿与发动机运转方向相反的方向转动
低速挡及倒挡制动器	L.R/B	锁止前行星架 10

引导问题3 ▶ 日产RE4F03A自动变速器各挡位换挡执行元件是如何工作的?

RE4F03A各挡位元件工作表见表9-2。

表9-2 RE4F03A各挡位元件工作表

变速杆位置		倒挡离合器5	高速挡离合器6	前进挡离合器15	超越离合器17	制动带伺服装置 2挡应用	制动带伺服装置 3挡释放	制动带伺服装置 4挡应用	前进挡单向离合器16	低速挡单向离合器18	低速挡和倒挡制动器19	锁止	备注
P													驻车挡位
R		○									○		倒挡位
N													空挡位
D*4	1挡			○	*1D				B	B			自动换挡 1⇔2⇔3⇔4
	2挡			○	*1A	q			B				
	3挡		○	○	*1A	*2C	C		B			*5○	
	4挡		○		C	*3C	C	q				○	
2(S)	1挡			○	D				B	B			自动换挡 1⇔2
	2挡			○	A				B				
1(L)	1挡			○	○				B		○		锁止(保持不变) 在1挡速度1⇔2
	2挡			○	○	○			B				

说明: *1: 当超速挡控制开关置于"OFF"位置时工作。
*2: 油压施加到制动带伺服活塞的2挡"应用"侧及3挡"释放"侧。然而,由于在"释放"侧的油压区大于在"应用"侧的油压区,制动带不收缩。
*3: 在*2的情况下,油压施加到4挡"应用"侧,制动带收缩。
*4: 当超速挡控制开关置于"OFF"位置时,A/T不会换到4挡。
*5: 当超速挡控制开关在"OFF"位置时工作。
○: 工作。
A: 节气门开度小于3/16时工作,使发动机制动工作。
B: 在"渐进"加速过程中工作。
C: 工作但不影响动力传输。
D: 当节气门开度小于3/16时工作,但不影响发动机制动。

引导问题4 ▶ P和N挡位是怎样实现的?

1 N(空挡)挡位

在N(空挡)挡位时,所有离合器都不工作,来自输入轴的动力没有传送到输出轴。因此自动变速器没有动力输出,车辆处于静止状态,但此时驻车爪与驻车齿轮没有接合,输出轴可以转动,因此处于在N(空挡)挡位时,车辆可以推行。

2 P(驻车挡)挡位

与 N(空挡)挡位相似,离合器不工作。但此时驻车爪与驻车齿轮接合,机械地固定住输出轴,从而锁止传动系统。

引导问题 5 ▶ D1 和 2_1 挡位工作情况和动力传递路线是怎样的?

D1 和 2_1 挡位各元件工作情况如图 9-3 所示。

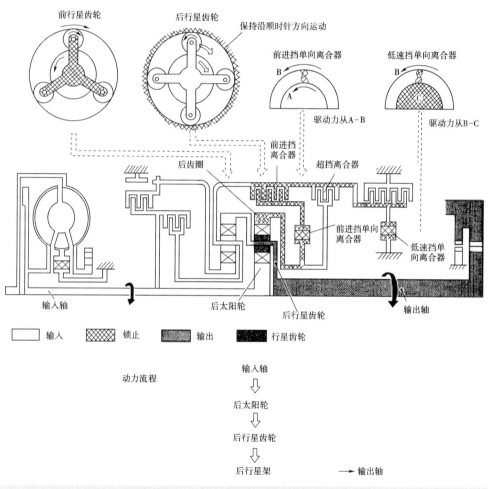

图 9-3　D1 和 2_1 挡位各元件工作情况示意图

在 D1 和 2_1 挡位工作的元件有:前进挡单向离合器、低速挡单向离合器、前进挡离合器。

由于这三个离合器的作用,后齿圈锁定不能逆时针方向旋转,动力经后太阳轮输入,从后行星架输出,实现减速增扭。

当自动变速器处于下列情况时,超越离合器接合,提供发动机制动作用:

(1) D1:超速挡控制开关在OFF状态,节气门开度不小于3/16。

(2) 2_1:始终处于接合状态。

在D1和2_1挡位的其他情况下,由于低速挡单向离合器自由转动,超越离合器没有接合,发动机制动不起作用。

D1挡位动力传递路线,如图9-4所示。

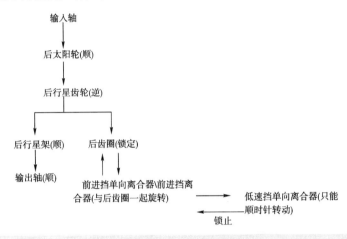

图9-4 D1挡位动力传递路线图

引导问题6　D2和2_2挡位工作情况和动力传递路线是怎样的?

D2和2_2挡位各元件工作情况如图9-5所示。

在D2和2_2挡位工作的元件有:前进挡离合器、前进挡单向离合器、制动带。

由于这三个元件的作用,后太阳轮驱动后行星架并与前齿圈啮合,使前齿圈与前行星架一起围绕着前太阳轮转动。

由于前行星架通过前进挡离合器和前进挡单向离合器将动力传递给后齿圈,后齿圈的转动将后行星架的速度提高。使得该挡位的输出转速比D1和2_1挡位转速高,实现D2挡位功能。

当自动变速器处于下列情况时,超越离合器接合,提供发动机制动作用。

(1) D2:超速挡控制开关置于OFF位置,并且节气门开度小于3/16。

(2) 2_2和1_2:始终处于接合状态。

D2挡位动力传递路线,如图9-6所示。

由于前太阳轮的反作用力使前行星架的转速提高,并通过前行星架传递给后齿圈,使后行星架的转速得以提高,比一挡时的输出转速更快了。

项目四　行星齿轮机构拆装检查及挡位路线的认识

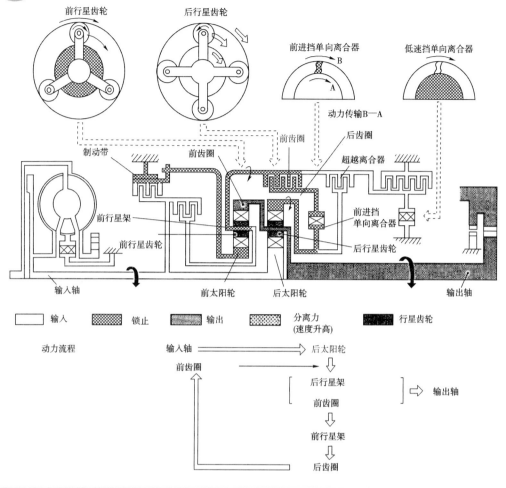

图 9-5　D2 和 2_2 挡位各元件工作情况示意图

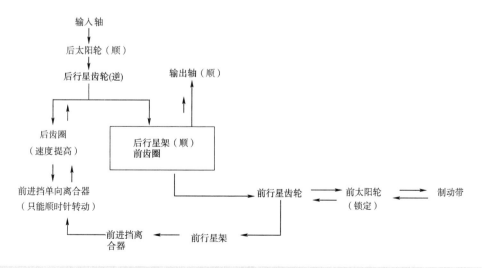

图 9-6　D2 挡位动力传递路线图

引导问题 7 D3 挡位工作情况和动力传递路线是怎样的?

D3 挡位各元件工作情况如图 9-7 所示。

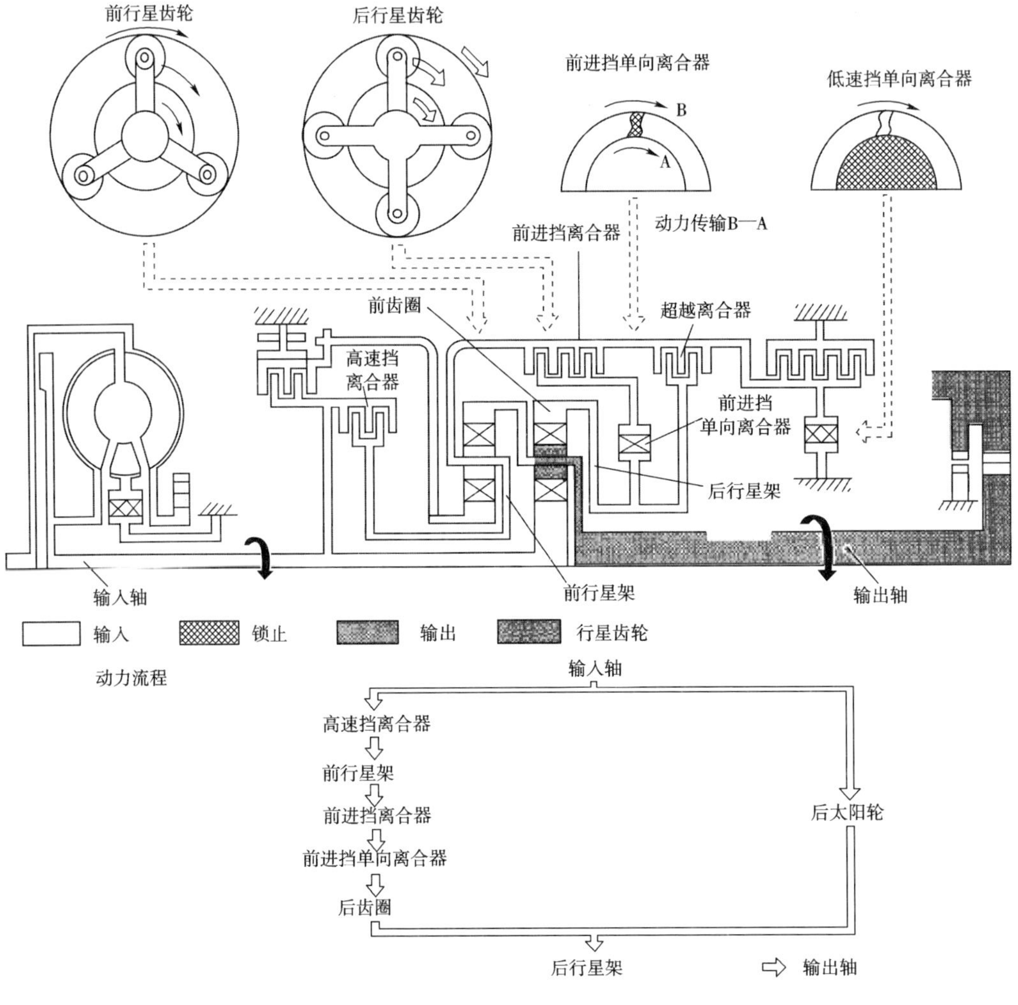

图 9-7 D3 挡位各元件工作情况示意图

在"D3"挡位工作的元件有:高速挡离合器、前进挡单向离合器、前进挡离合器。

由于这三个元件的作用,发动机的输入功率一方面通过高速挡离合器传递到前行星架,并且通过前进挡离合器和前进挡单向离合器的工作,前行星架与后齿圈接合。另一方面发动机的输入功率直接传递给后太阳轮。因此,后齿圈与伴随着后行星架的另一个输入(后太阳轮)以相同的速度转动,实现直接挡传动。

当自动变速器处于下列情况时,超越离合器接合,提供发动机制动作用。

D3:超速挡控制开关处于 OFF 位置,节气门开度小于 3/16。

项目四 行星齿轮机构拆装检查及挡位路线的认识

D3 挡位动力传递路线如图 9-8 所示。

引导问题 8　D4 挡位工作情况和动力传递路线是怎样的?

D4 挡位各元件工作情况如图 9-9 所示。

在 D4 挡位工作的元件有:高速挡离合器、制动带、前进挡离合器(不影响动力传输)。

由于这三个元件的作用,输入功率通过高速挡离合器传递到前行星架。前行星架绕着制动带固定的太阳轮转动,并使前齿圈(输出)的转动速度更快,实现超速挡传动。

发动机制动:在 D4 挡位,动力传递线路中没有单向离合器,减速时可以实现发动机制动。

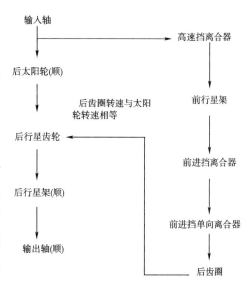

图 9-8　D3 挡位动力传递路线图

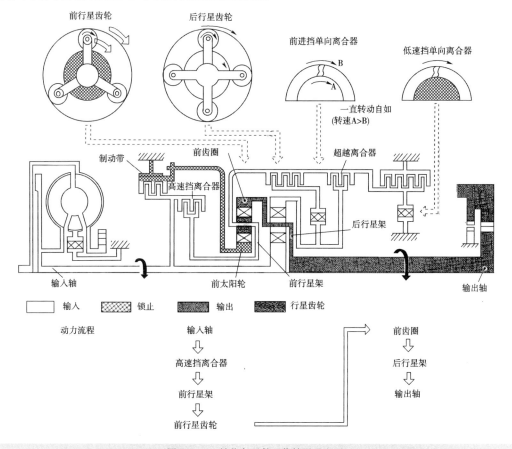

图 9-9　D4 挡位各元件工作情况示意图

D4 挡位动力传递路线如图 9-10 所示。

引导问题 9 R 挡位工作情况和动力传递路线是怎样的？

R 挡位各元件工作情况如图 9-11 所示。

在 R 挡位工作的元件有：倒挡离合器、低速挡和倒挡制动器。

由于低速挡和倒挡制动器的作用，前行星架固定不动。输入功率通过倒挡离合器传送到前太阳轮上，从而驱动前齿圈沿相反的方向转动，实现倒挡。

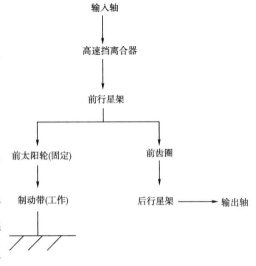

图 9-10　D4 挡位动力传递路线图

发动机制动：由于动力传递线路中没有单向离合器，在减速时可以实现发动机制动。

R 挡位动力传递路线如图 9-12 所示。

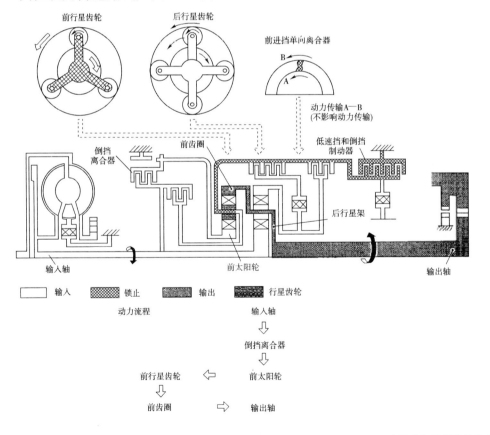

图 9-11　R 挡位各元件工作情况示意图

项目四 行星齿轮机构拆装检查及挡位路线的认识

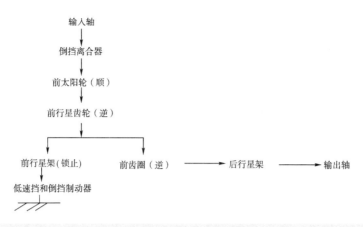

图 9-12　R 挡位动力传递路线图

引导问题 10　L1 挡位工作情况和动力传递路线是怎样的?

L1 挡位各元件工作情况如图 9-13 所示。

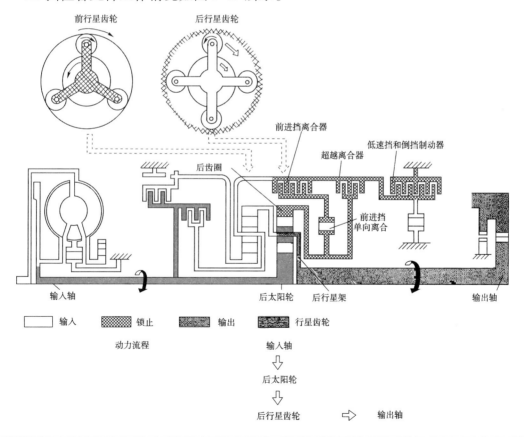

图 9-13　L1 挡位各元件工作情况示意图

在 L1 挡位工作的元件有:前进挡离合器、前进挡单向离合器、超越离合器、低速挡和倒挡制动器。

在超越离合器接合的情况下,通过低速挡和倒挡制动器的工作锁止后齿圈,这与 D1 和 2_1 挡的情况不同。

发动机制动:超越离合器一直接合,因此在减速时可以实现发动机制动。

L1 挡位动力传递路线如图 9-14 所示。

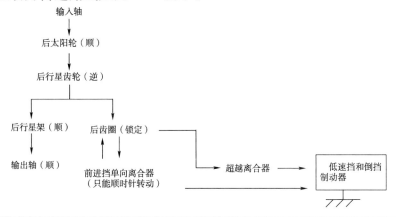

图 9-14　L1 挡位动力传递路线图

有发动机制动时的动力传递路线如图 9-15 所示。

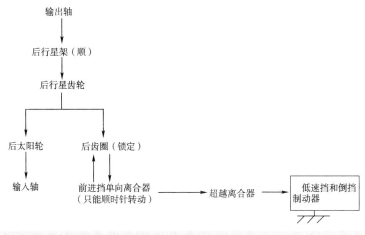

图 9-15　L1 挡有发动机制动时动力传递路线图

引导问题 11　离合器的检查工艺流程是怎样的?

自动变速器出现某些挡位打滑故障时,说明相应的离合器出现故障,应按照基本的维修工艺流程对自动变速器进行检查和维修,如图 9-16 所示。

二、实施作业

引导问题 12 拆装作业前应该准备哪些工具和设备?

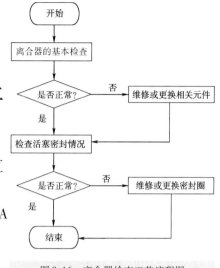

图9-16 离合器检查工艺流程图

（1）工具：常用工具一套、塞尺、游标卡尺、直尺、轴承顶拔器。
（2）设备：空气压缩机、操作台、日产RE4F03A自动变速器4台。
（3）材料：ATF、抹布。
（4）维修手册、工作记录表、评分表。

引导问题 13 如何进行作业前的准备工作?

（1）现场安全确认：车辆、举升机、工位安全确认。
（2）车辆防护：翼子板布、前格栅布、三件套、车轮挡块。

引导问题 14 通过查询和查找,你能找到以下信息吗?

请完成车辆基本信息表,见表9-3。

车辆基本信息表　　　　　　　　　　　　　　　　　　　　　表9-3

项　目	具体信息
车牌号码	
行驶里程	
发动机型号及排量	
车辆识别代码(VIN)	

引导问题 15 日产RE4F03A自动变速器由哪些零件构成?

日产RE4F03A自动变速器结构如图9-17所示,行星齿轮变速器的零件分解图如图9-18、图9-19所示,其工作油孔如图9-20、图9-21所示。

引导问题 16　怎样正确分解高速挡离合器？

高速挡离合器的结构如图 9-22 所示。

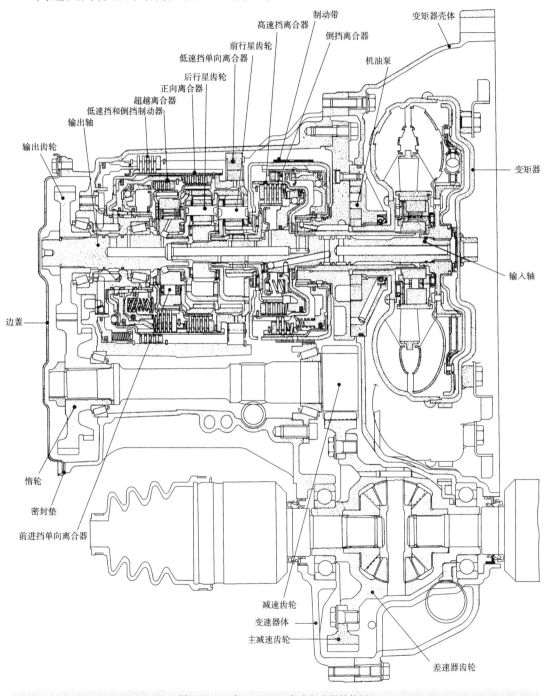

图 9-17　日产 RE4F03A 自动变速器结构图

项目四 行星齿轮机构拆装检查及挡位路线的认识

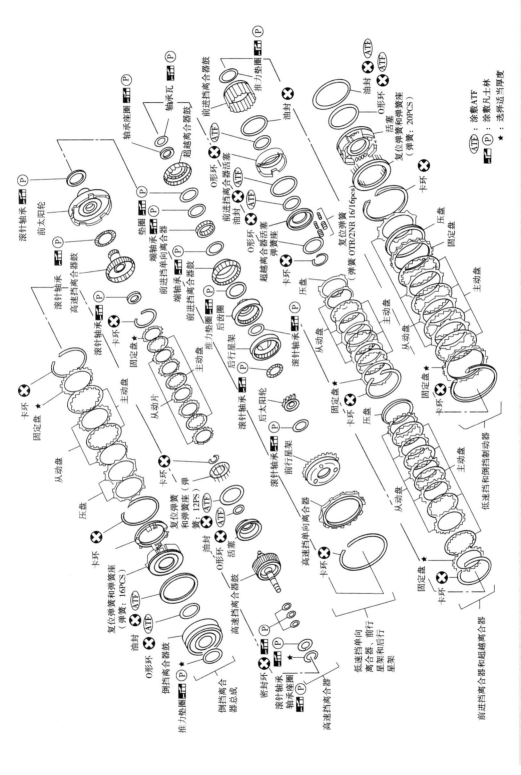

图9-18 日产RE4F03A自动变速器零件图（一）

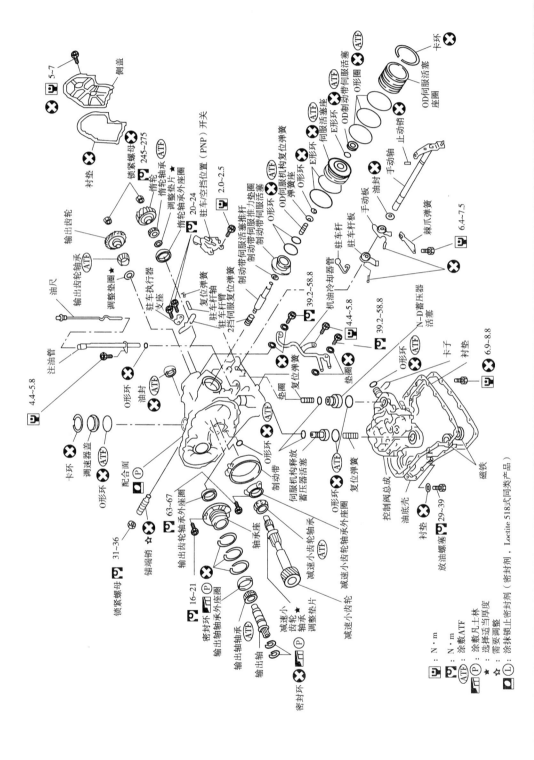

图9-19 日产 RE4F03A 自动变速器零件图(二)

项目四　行星齿轮机构拆装检查及挡位路线的认识

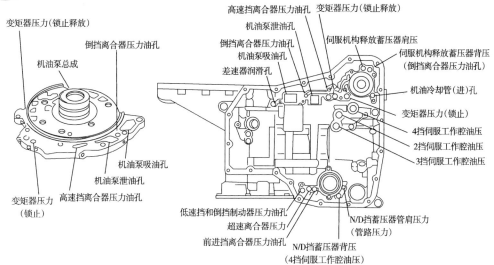

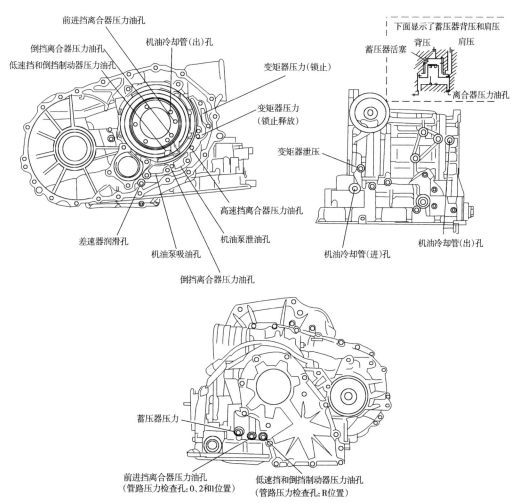

图9-20　日产RE4F03A自动变速器油孔位置图（一）

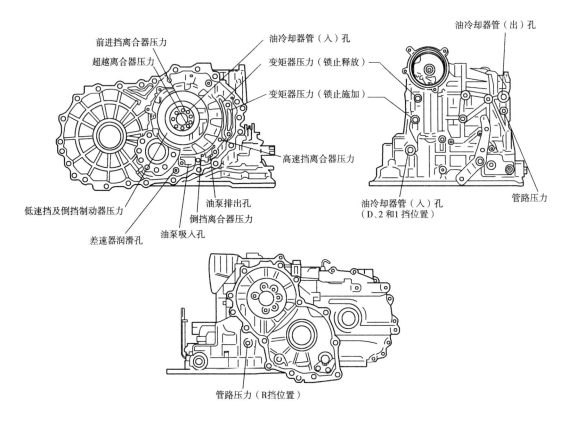

图9-21 日产RE4F03A自动变速器油孔位置图(二)

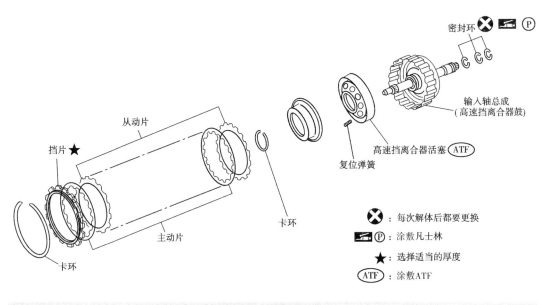

图9-22 高速挡离合器

项目四 行星齿轮机构拆装检查及挡位路线的认识

请根据表9-4的操作步骤规范分解离合器。

分解高速挡离合器作业表 表9-4

步 骤	图 示	内 容	完成情况
1. 检查离合器工作情况		用尼龙布包住输入轴总成(高速挡离合器鼓),并向油孔中加压缩空气。 查看挡片是否向卡环移动。 如果挡片不能接触卡环,可能活塞止回阀处漏油	是□ 否□
2. 拆卸密封环		从输入轴总成(高速挡离合器鼓)上拆下密封环	是□ 否□
	注意:在实际工作中拆下的密封环一定要更换。在教学中请勿损坏密封环,以便循环利用		
3. 拆卸卡环		利用一字螺丝刀拆下卡环。拆下主动片、从动片、挡片,按顺序摆放	是□ 否□
	注意:不要过度撑大卡环		
4. 拆卸活塞卡环		将专用工具装于弹簧座上,压住复位弹簧,从离合器鼓上拆下卡环,拆下弹簧座	
5. 取出活塞		转动高速挡离合器活塞,并将其从输入轴总成(高速挡离合器鼓)上拆下	
	注意:拆卸的元件要摆放在指定位置,复位弹簧要妥善保管		

145

引导问题 17 怎样正确检测高速挡离合器?

请根据表9-5的操作步骤,规范地进行检测高速挡离合器。

检测高速挡离合器作业表　　　　　　表9-5

步骤	图示	内容	完成情况
1. 检查主动片和从动片	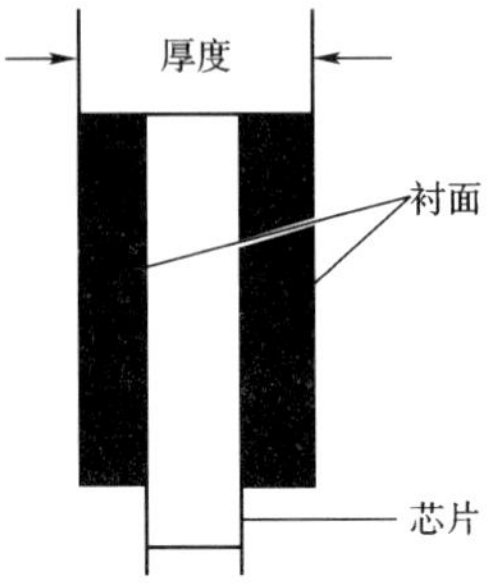 厚度／衬面／芯片 注意:主动片的厚度的标准为1.6mm,磨损极限为1.4mm	(1)检查高速挡离合器卡环、弹簧挡圈、弹簧座和复位弹簧。 ①检查变形、损坏及损坏状况。如有必要,请更换; ②更换弹簧挡圈,弹簧座及复位弹簧时,应成套更换。 (2)检查主动片和从动片接触衬面是否烧蚀、刮伤或损坏。 ①测量从动片和主动片的厚度; ②如果超出磨损极限值,请更换	是□ 否□
2. 检查活塞	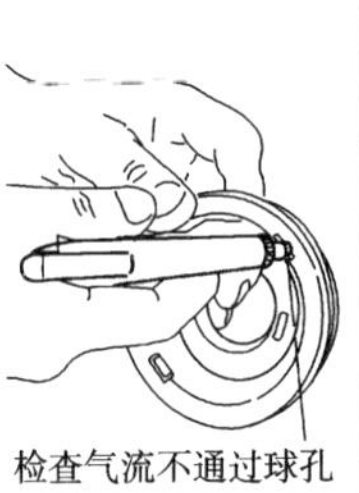 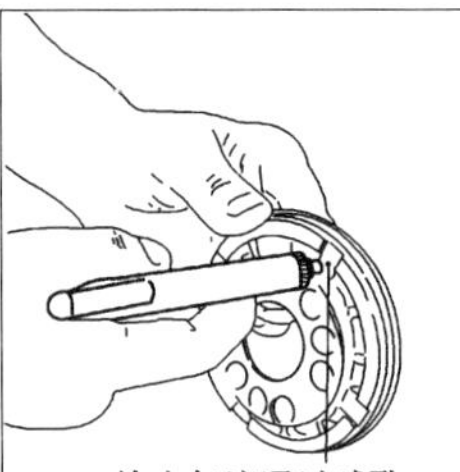 检查气流不通过球孔　　检查气流通过球孔	检查高速挡离合器活塞: (1)确定止动珠能够活动; (2)给复位弹簧对面的止动珠油孔加压缩空气,确认没有气体泄漏; (3)给复位弹簧侧面的油孔加压缩空气,确定有气流经过止动珠	是□ 否□
3. 检查密封环	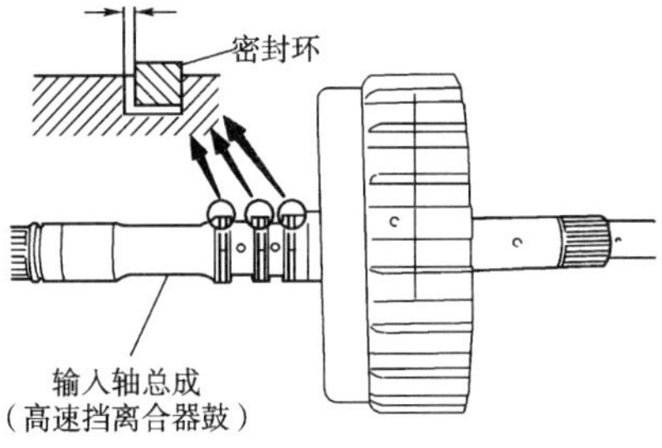 密封环／输入轴总成(高速挡离合器鼓)	检查密封环间隙: (1)在输入轴总成(高速挡离合器鼓)上安装新的密封环; (2)测量密封环与环槽间的间隙; (3)如果超出极限,更换输入轴总成(高速挡离合器鼓)。 标准间隙:0.08～0.23mm。 允许极限值:0.23mm	是□ 否□

请在表9-6中记录高速挡离合器的检测结果,并对测量结果进行分析。

高速挡离合器的检测结果记录表　　　　　　表9-6

检查项目	外观检查	厚度测量结果	标准值	结果分析
钢片				
摩擦片				
检查活塞和密封环		×	×	
检查止回阀工作情况		施加气压测试	×	

引导问题 18　怎样正确分解和检查前进挡离合器及超越离合器?

前进挡离合器及超越离合器的结构如图 9-23 所示。低速挡和倒挡制动器的分解、检查与倒挡离合器相同。请根据表 9-7 的操作步骤规范分解前进挡离合器及超越离合器。仅维修数据不同,请分解检查后,与维修数据对比并填入表 9-8 ~ 表 9-10 进行分析。

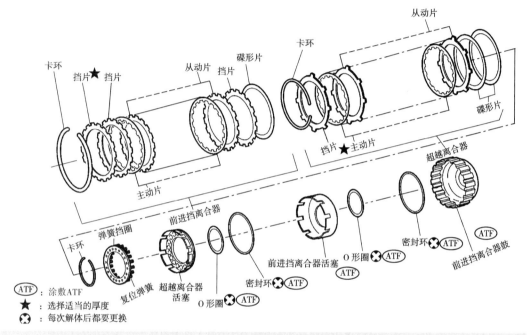

图 9-23　前进挡离合器及超越离合器

分解前进挡离合器及超越离合器作业表　　　　表 9-7

步骤	图　示	内　容	完成情况
1. 检查离合器工作情况	（超越离合器检查孔、前进挡离合器检查孔）	检查前进挡离合器及超越离合器的工作情况。 （1）将输入轴的轴承座圈安装在前进挡离合器鼓上。 （2）向前进挡离合器鼓的油孔中加压缩空气。 （3）查看挡片是否向卡环移动。 （4）如果挡片不能接触卡环： ①O 形圈可能损坏了； ②密封环可能损坏了； ③可能从活塞止动珠处漏油	是□　否□

续上表

步骤	图示	内容	完成情况
2. 拆卸前进挡离合器	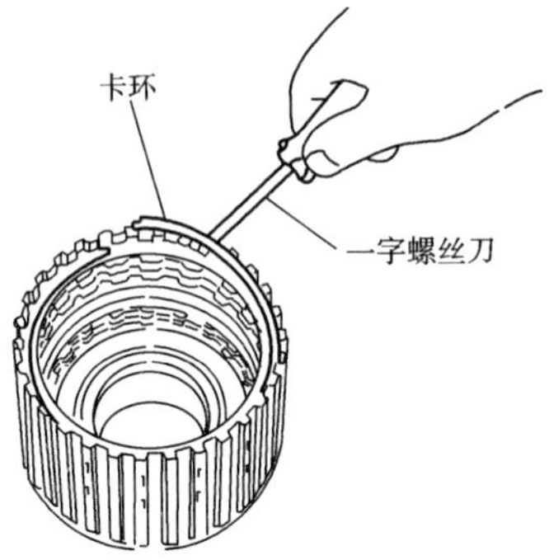 (卡环、一字螺丝刀)	利用一字螺丝刀拆下卡环。拆下主动片、从动片、挡片，按顺序摆放	是□ 否□
	注意：在实际工作中拆下的密封环一定要更换。在教学中请勿损坏密封环，以便循环利用		
3. 拆卸超越离合器	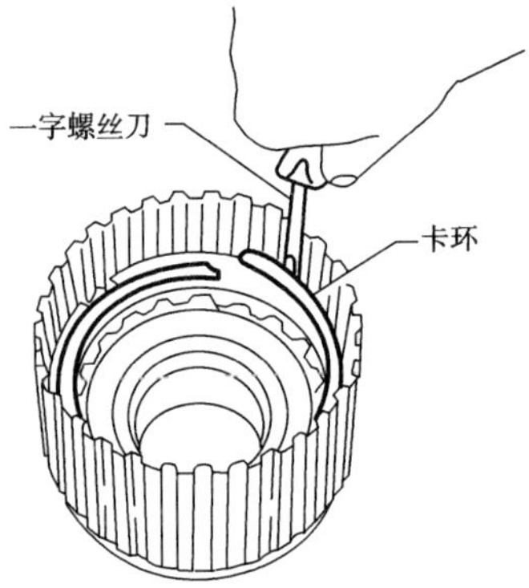 (一字螺丝刀、卡环)	利用一字螺丝刀拆下卡环。拆下主动片、从动片、挡片，按顺序摆放	是□ 否□
	注意：不要过度撑大卡环		
4. 拆卸活塞卡环	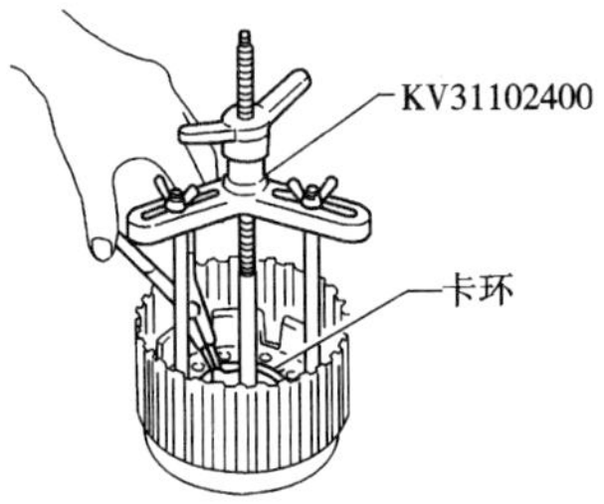 (KV31102400、卡环)	将专用工具安装于弹簧座上，压住复位弹簧，从离合器鼓上拆下卡环，拆下弹簧座	
5. 取出活塞	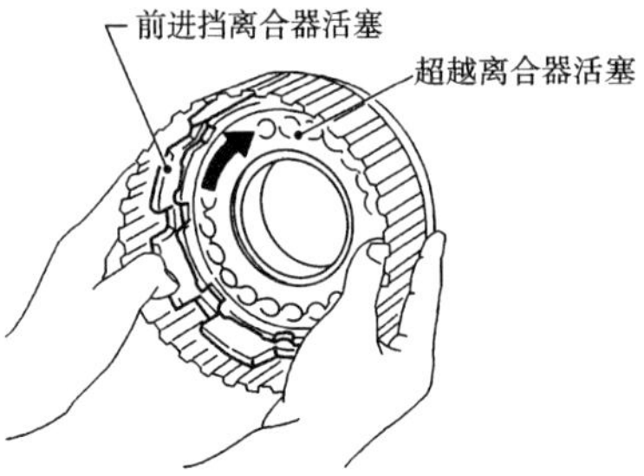 (前进挡离合器活塞、超越离合器活塞)	转动前进挡离合器活塞，将其与超越离合器活塞一起从前进挡离合器鼓上拆下。转动超越离合器活塞，将其从前进挡离合器活塞上卸下	
	注意：拆卸的元件要摆放在指定位置，复位弹簧要妥善保管		

项目四　行星齿轮机构拆装检查及挡位路线的认识

前进挡离合器作业工作表　　　　　　　　　　　　　　　　　　　　　　表9-8

检查项目	检查结果	标准(mm)	极限值(mm)	结果分析
钢片厚度		2.0		
摩擦片厚度		1.8	1.6	
碟形片厚度		2.5		
活塞复位弹簧自由长度		27.7		
间隙		0.45~0.85	1.85	

超越离合器作业工作表　　　　　　　　　　　　　　　　　　　　　　表9-9

检查项目	检查结果	标准(mm)	极限值(mm)	结果分析
钢片厚度		2.0		
摩擦片厚度		1.6	1.4	
碟形片厚度		2.15		
活塞复位弹簧自由长度		27.7		
间隙		1.0~1.4	2.0	

低速挡和倒挡制动器作业工作表　　　　　　　　　　　　　　　　　　表9-10

检查项目	检查结果	标准(mm)	极限值(mm)	结果分析
钢片厚度		2.0		
摩擦片厚度		2.0	1.8	
碟形片厚度		2.93		
活塞复位弹簧自由长度		26.3		
间隙		1.4~1.8	2.6	

引导问题19　低速挡和倒挡制动器的结构是怎样的？

低速挡和倒挡制动器的结构如图9-24所示。

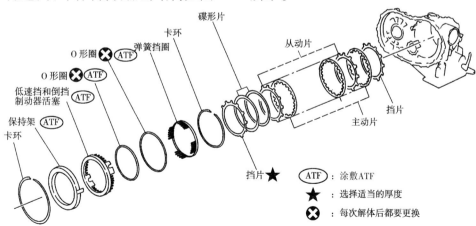

图9-24　低速挡和倒挡制动器的结构

低速挡和倒挡制动器的拆装步骤和检验方法请参阅维修手册进行。

引导问题20 后内齿圈、前进挡离合器鼓和超越离合器鼓的结构是怎样的?

后内齿圈、前进挡离合器鼓和超越离合器鼓的结构如图9-25所示。

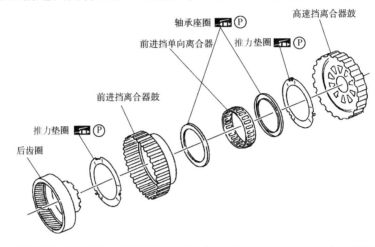

图9-25 后内齿圈、前进挡离合器鼓和超越离合器鼓的结构

请根据表9-11的操作步骤,规范地安装前进挡单向离合器。

安装前进挡单向离合器作业表　　　　　　　　　表9-11

步骤	图　　示	内　　容	完成情况
1	(图示:前进挡离合器鼓、孔、凸出、前进挡单向离合器) 注意:注意前进挡单向离合器的方向	在前进挡离合器鼓上安装前进挡单向离合器	是□　否□
2	(图示:轴承套圈、前进挡单向离合器、前进挡离合器鼓) :涂敷凡士林	把轴承座圈安装到前进挡单向离合器上	是□　否□

150

续上表

步骤	图示	内容	完成情况
3	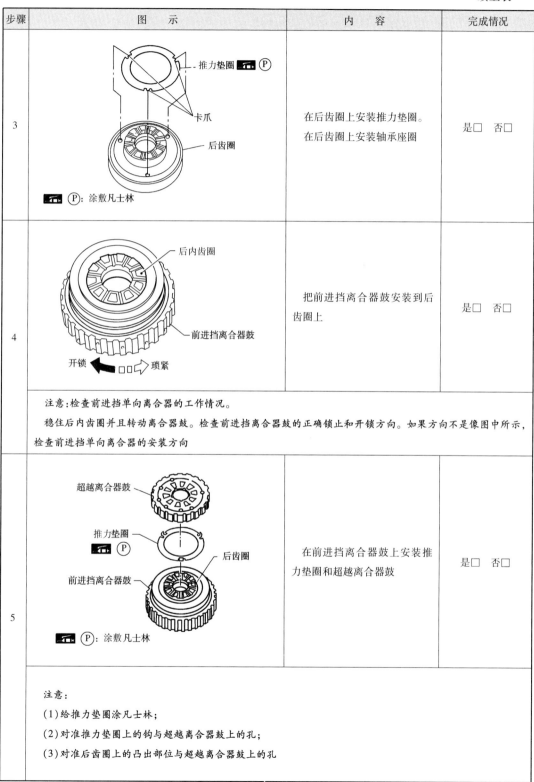 P：涂敷凡士林	在后齿圈上安装推力垫圈。在后齿圈上安装轴承座圈	是□ 否□
4		把前进挡离合器鼓安装到后齿圈上	是□ 否□
	注意：检查前进挡单向离合器的工作情况。 稳住后内齿圈并且转动离合器鼓。检查前进挡离合器鼓的正确锁止和开锁方向。如果方向不是像图中所示，检查前进挡单向离合器的安装方向		
5	P：涂敷凡士林	在前进挡离合器鼓上安装推力垫圈和超越离合器鼓	是□ 否□
	注意： (1) 给推力垫圈涂凡士林； (2) 对准推力垫圈上的钩与超越离合器鼓上的孔； (3) 对准后齿圈上的凸出部位与超越离合器鼓上的孔		

三 评价与反馈

请完成评价反馈表,见表9-12。

评价反馈表　　　　　　　　表9-12

请根据你自己在工作中和课堂上的表现,对自己进行客观的评价,看看你能获得几颗星?

评价项目	5颗星	3颗星	1颗星	评价结果
知识掌握情况	掌握相关理论知识,并能运用到实际操作中,任务完成良好	基本能够理解相关理论知识,能够完成相应工作	对相关理论知识不明白,不能或者难以完成相应的工作	
动手实践情况	积极参加,做好安全保护工作,注重工作质量	会动手实践,安全保护措施到位,工作质量较好	出现安全隐患,不知道如何动手实践	
小组合作情况	与小组成员配合工作很愉快	与小组其他同学配合工作交流较少	没有与其他同学进行交流	
6S执行情况	值日认真,服从指挥,工位、工装整洁,职业形象好	值日较认真,出现迟到或其他违纪情况	出现忘记值日、工位或工装不整洁的情况	
哪些方面需要改进				
教师点评				
学生姓名		小组长签名		
教师签名		日期		

四 学习拓展

(1) D1挡时有哪些元件工作?试画出动力传递路线图。

项目四 行星齿轮机构拆装检查及挡位路线的认识

(2) D2 挡时有哪些元件工作？试画出动力传递路线图。

(3) R 挡时有哪些元件工作？试画出动力传递路线图。

学习任务十　大众 01N 自动变速器拆装及挡位路线的认识

学习目标

◎ **知识目标**

(1) 掌握换挡执行元件的结构、原理与检修。

(2) 能根据分解后的变速器实物画出机械传动原理图。

(3) 掌握拉威娜行星齿轮变速器的结构和各挡动力传递路线。

◎ **技能目标**

(1) 能够使用各种媒体查阅所需资料。

(2) 能够制订自动变速器的拆装计划、流程。

(3) 能根据维修手册，安全规范地分解、组装各换挡执行元件，并能进行检查，记录结果。

◎ **素养目标**

(1) 能够制订工作计划，独立完成工作任务。

(2) 能够在工作过程中，与小组其他成员合作、交流并进行任务分工，具备团队合作和安全操作的意识。

 建议完成本学习任务的时间为 **12 课时**。

 学习任务描述

一辆装备 01N 自动变速器的轿车在检修时，车主反映：行驶时出现 2 挡打滑现象。需要你对换挡执行元件进行检测,确定故障部位并进行修理。

学习内容

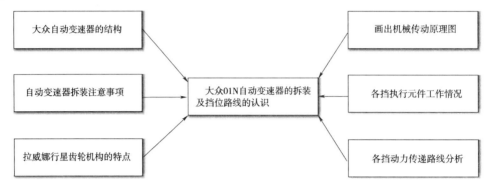

注意事项

(1)注意人身安全,认真执行6S管理。

(2)在分解自动变速器时,应将所有组件和零件按分解顺序依次摆放,以便于检修和组装。要特别注意各个推力垫片、推力轴承的位置,不可错乱。

(3)分解行星排、单向离合器时,应先确认各个单向离合器的锁止方向,其方法是:用手握住与单向离合器内外圈连接的零件,分别朝不同的方向做相对转动,检查并记录内外圈的相对锁止方向。特别是在没有详细技术资料的情况下维修自动变速器时,一定要做好这一项记录,否则,一旦分解后不能按原安装顺序装复,将会使自动变速器不能正常工作,必须再次分解自动变速器进行检查,造成返工。

(4)自动变速器的安装应在所有零件均已清洗干净,各离合器、制动器、阀体、油泵等总成均已装配好并调整完毕后进行。

(5)安装自动变速器时,应更换自动变速器各接合面及轴颈上所有密封圈或密封环。

(6)安装一些小零件时,为了防止零件掉落,可在小零件表面上涂抹一些普通润滑脂或凡士林,以便将小零件粘附在安装位置上。

一 资料收集

引导问题1 大众01N自动变速器有何结构特点?

大众01N自动变速器是采用拉威娜式行星齿轮机构,结构如图10-1所示,它是一种双排单、双级复合式行星齿轮机构,其前排为单级结构,后排为双级结构,前后排共用一个齿圈和一个行星架。在行星架上,外行星齿轮为长行星齿轮,与前排太阳轮啮合;内行星齿轮为短行星齿轮,与后排小太阳轮和长行星齿轮同时啮合。在行星齿轮变速机构中,两个太阳轮独立运动;小太阳轮与短行星齿轮啮合,同时短行星齿轮又与长行星齿轮的小端啮合;长行星齿轮小端与齿圈啮合,同时长行星齿轮的大端与大太阳轮啮合。

引导问题2 大众01N自动变速器有哪些执行元件?各有什么作用?

01N型自动变速器换挡执行元件由3个离合器(C1、C2、C3)、2个制动器(B1、B2)和1个单向离合器(F)组成,动力传递示意图如图10-2所示。

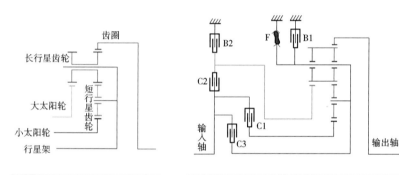

图10-1 拉威娜式行星齿轮机构　　图10-2 01N拉威娜式自动变速器执行元件图

各换挡执行元件所控制的部件见表10-1。

换挡执行元件功能表　　表10-1

换挡执行元件	功　能
离合器C1	连接输入轴与小太阳轮
离合器C2	连接输入轴与大太阳轮
离合器C3	连接输入轴与行星架
制动器B2	制动大太阳轮
制动器B1	制动行星架
单向离合器F	对行星架的顺转解锁,对行星架的逆转锁止

引导问题3 01N自动变速器各挡位换挡执行元件是如何工作的?

在变速器各挡位时,换挡执行元件的工作情况见表10-2。

换挡执行元件工作表　　　　　　　　　　　表 10-2

挡 位	换挡执行元件					
	C1	C2	C3	B1	B2	F
D1	○					○
D2	○				○	
D3	○		○			
D4			○		○	
R		○		○		
1_1	○			○		

注：○表示换挡元件工作。

引导问题4 01N 自动变速器的 D1 挡工作情况和动力传递路线是怎样的？

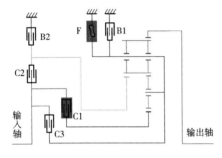

图 10-3　01N 自动变速器 D1 挡动力传递图
（没有发动机制动作用）

在 D1 挡时，各元件工作情况如图 10-3 所示。

工作元件：离合器 C1 接合，单向离合器 F 锁止。

离合器 C1 接合后，输入轴通过离合器 C1 将动力传递给小太阳轮，小太阳轮、行星架和齿圈组成的是双级行星排，所以小太阳轮力图驱动行星架逆转，被单向离合器 F 锁止，行星架不能逆转，所以齿圈在太阳轮的驱动下顺转输出动力。

动力传递路线为：泵轮→涡轮→涡轮轴→离合器 C1→小太阳轮→短行星齿轮→长行星齿轮驱动齿圈。

小提示

在 D1 挡时，因为单向离合器 F 锁止是传递动力的必须条件，所以在 D1 挡时没有发动机制动作用。

如果在 D1 挡时要获得发动机制动作用，必须将行星架双向制动，所以 B1 要参与制动。即在 L1 挡时离合器 C1 接合，制动器 B1 制动，如图 10-4 所示。

引导问题5 01N 自动变速器的 D2 挡工作情况和动力传递路线是怎样的？

在 D2 挡时，各元件工作情况如图 10-5 所示。

项目四 行星齿轮机构拆装检查及挡位路线的认识

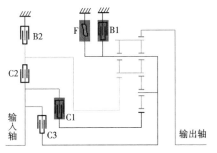

图10-4 01N自动变速器D1挡动力传递图（有发动机制动作用）

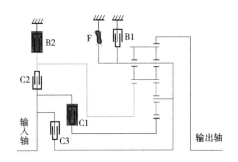

图10-5 01N自动变速器D2挡动力传递图

工作元件：离合器C1接合，制动器B2制动。

D1挡时，齿圈作为输出顺转，如果考虑大太阳轮、行星架和齿圈，它们是个单级行星排，齿圈与大太阳轮的转向相反，所以，D1挡时大太阳轮在齿圈的驱动下逆转。

D2挡时，制动器B2参与制动大太阳轮，因为大太阳轮固定，行星架绕大太阳轮顺转，单向离合器F解锁，允许行星架顺转，而行星架的顺转带动齿圈顺转，齿圈转速较D1挡时有所提高，从而实现D2挡传动。

引导问题6 01N自动变速器的D3挡工作情况和动力传递路线是怎样的？

在D3挡时，各元件工作情况如图10-6所示。

工作元件：离合器C1和离合器C3接合。

离合器C1驱动小太阳轮，离合器C3驱动行星架，小太阳轮和行星架同时作为输入，齿圈作为输出，与输入同速同向旋转，从而形成直接挡（三挡）。

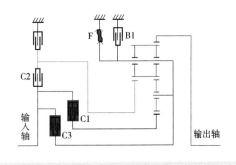

图10-6 01N自动变速器D3挡动力传递图

动力传递路线为：涡轮轴→离合器C1和C3→整个行星齿轮机构同速转动。

引导问题7 01N自动变速器的D4挡工作情况和动力传递路线是怎样的？

在D4挡时，各元件工作情况如图10-7所示。

工作元件：离合器C3接合，制动器B2制动。

离合器C3接合，输入轴将动力传递给行星架，制动器B2制动大太阳轮，考虑大太阳轮、行星架和齿圈组成一个单级行星排,行星架驱动齿圈同向超速输出,从而形成 D4 挡超速挡。

动力传递路线为:涡轮轴→离合器 C3→行星架→长行星齿轮围绕大太阳轮转动并驱动齿圈。

引导问题8 01N 自动变速器的倒挡工作情况和动力传递路线是怎样的?

在倒挡时,各元件工作情况如图 10-8 所示。

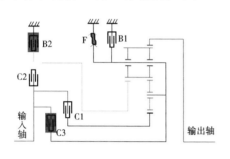

图 10-7　01N 自动变速器 D4 挡动力传递图　　　图 10-8　01N 自动变速器倒挡动力传递图

工作元件:离合器 C2 接合,制动器 B1 制动。

变速杆在 R 位时,离合器 C2 接合,驱动大太阳轮;制动器 B1 制动,使行星架制动。

动力传递路线为:涡轮轴→离合器 C2→大太阳轮→长行星齿轮反向驱动齿圈。

二 实施作业

引导问题9 拆装作业前应该准备哪些工具和设备?

(1)工具:常用工具一套、塞尺、游标卡尺、直尺、轴承顶拔器。
(2)设备:空气压缩机、操作台、01N 自动变速器 4 台。
(3)材料:ATF、抹布。
(4)维修手册、工作记录表、评分表。

引导问题10 如何进行作业前的准备工作?

(1)现场安全确认:车辆、举升机、工位安全确认。
(2)车辆防护:翼子板布、前格栅布、座椅套、转向盘套、地板垫、车轮挡块。

项目四 行星齿轮机构拆装检查及挡位路线的认识

引导问题 11 ▶ 通过查询和查找，你能找到以下信息吗？

请完成车辆基本信息表，见表 10-3。

车辆基本信息表　　　　　　　　　　　　　　　　　　　　表 10-3

项　　目	具 体 信 息
车牌号码	
行驶里程	
发动机型号及排量	
车辆识别代码（VIN）	

引导问题 12 ▶ 怎样规范分解 01N 自动变速器？

查阅维修手册，并根据其要求规范地进行超速挡行星齿轮、超速直接挡离合器和超速挡单向离合器的拆卸、解体、检修和装配，D4 挡拉威娜行星齿轮变速器的零件分解，如图 10-9～图 10-12 所示。

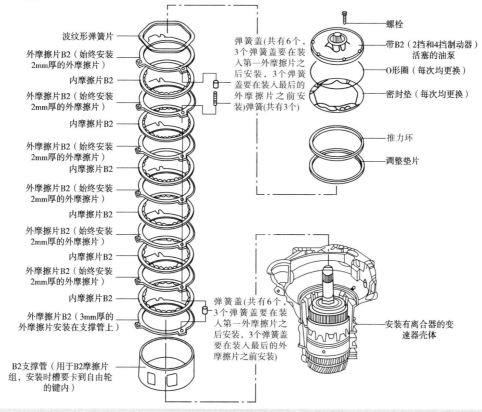

图 10-9　油泵至支撑管的零部件

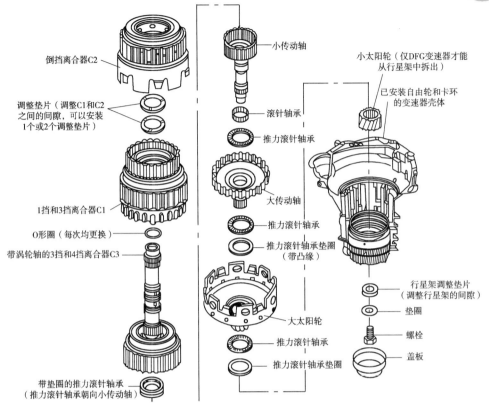

图 10-10　倒挡齿轮离合器 C2 至大太阳轮的零部件

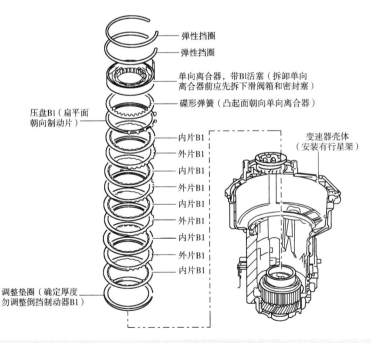

图 10-11　自由轮至倒挡制动器 B1 的零部件

项目四 行星齿轮机构拆装检查及挡位路线的认识

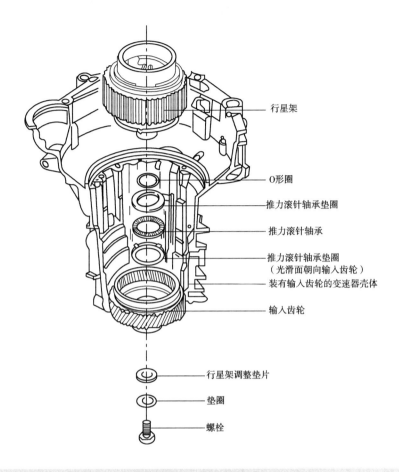

图10-12 行星架至带输入齿轮、盖的变速器壳体的零部件

根据表10-4分解自动变速器行星齿轮机构。

分解自动变速器行星齿轮机构　　　　　　　　　　　表10-4

步骤	图 示	内 容	完成情况
1		拆下盖板、油底壳,拆下ATF过滤网	是□ 否□

续上表

步骤	图示	内容	完成情况
2	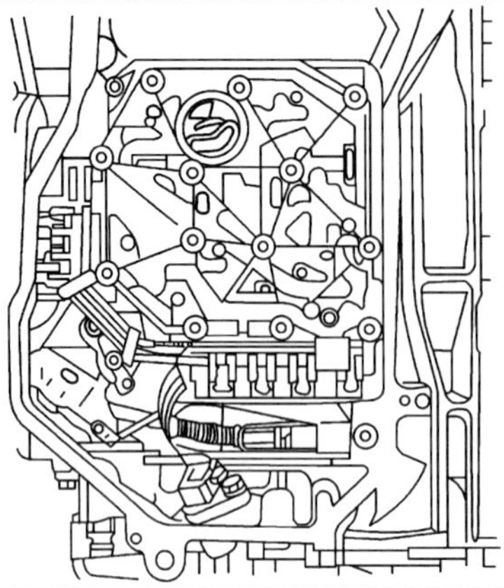	拆下带线束的阀体	是□ 否□
3	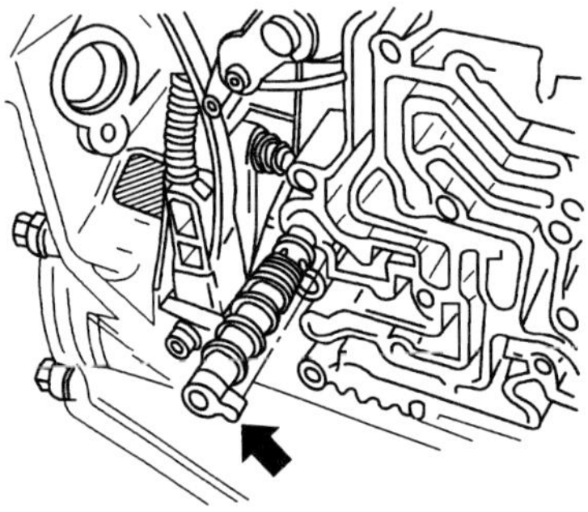	取出倒挡制动器 B1 的密封塞	是□ 否□
4	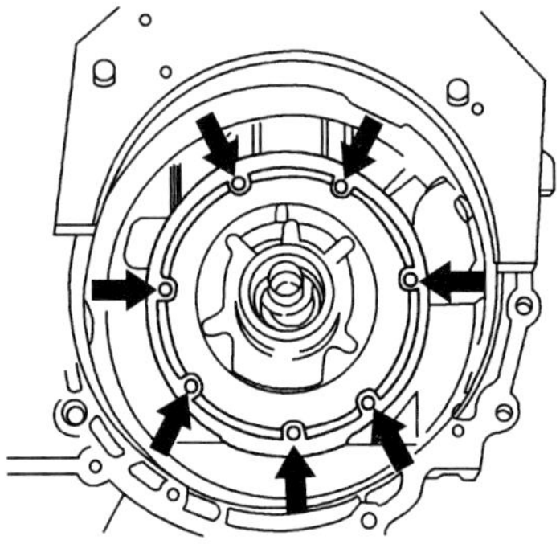	拆下油泵的螺栓	是□ 否□
5	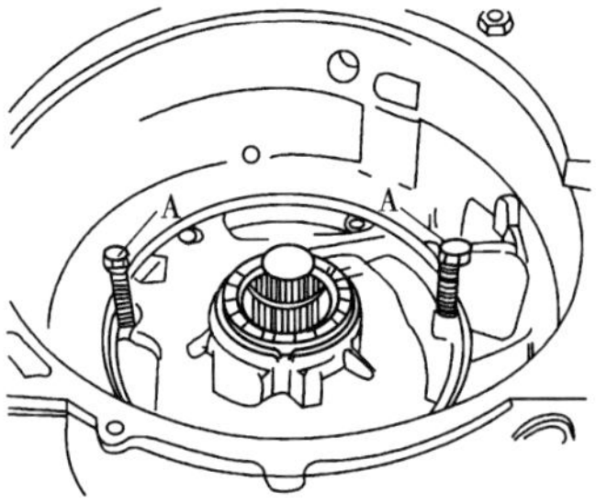	把 2 个螺栓(M8)拧入油泵的螺纹孔内。均匀地拧入螺栓,将油泵从变速器的壳体内顶出	是□ 否□

续上表

步骤	图示	内容	完成情况
6	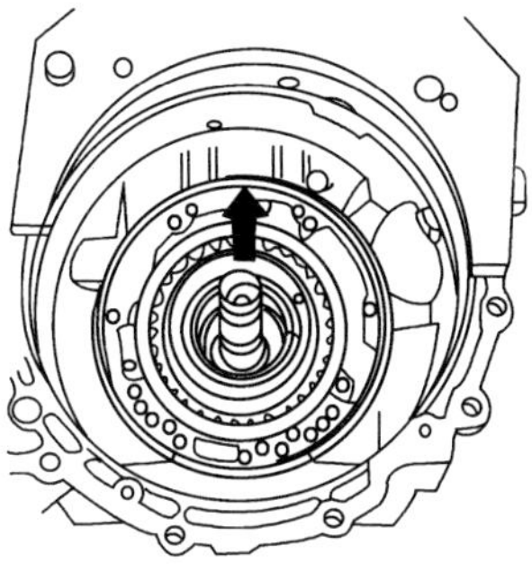	将所有的离合器连同支撑管、2挡和4挡制动器B2的摩擦片、弹簧和弹簧头一起取出	是□ 否□
7	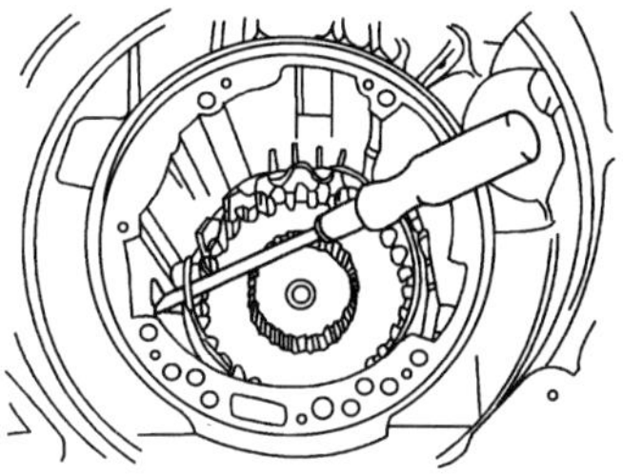	将螺丝刀穿过大太阳轮的孔,松开小传动轴的螺栓	是□ 否□
8	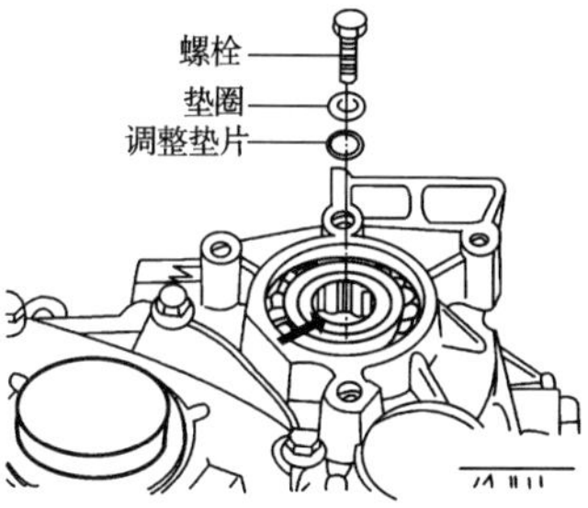	松开小传动轴的螺栓,拆下小传动轴的螺栓以及垫圈和调整垫片。行星架的推力滚针轴承保留在变速器/输入齿轮中,抽出小传动轴	是□ 否□
9	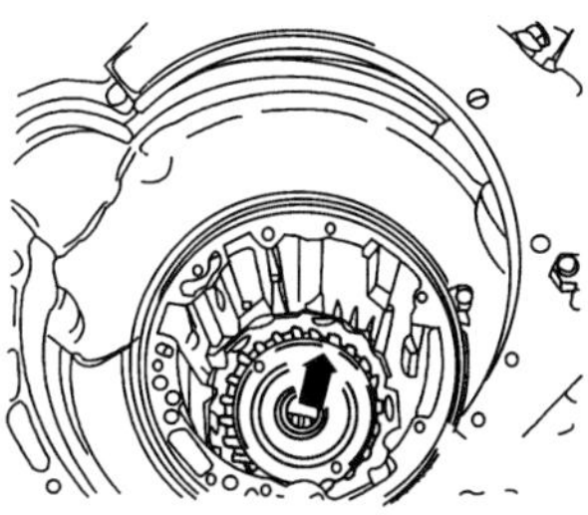	取出大传动轴,取出大太阳轮	是□ 否□

续上表

步骤	图　示	内　　容	完成情况
10	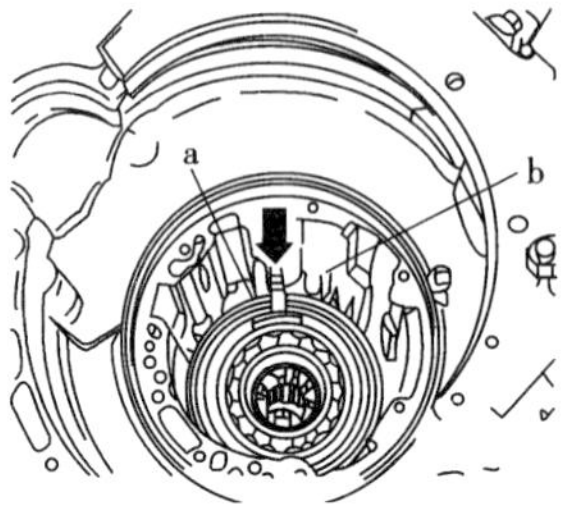	拆下支撑管卡环 a	是□　否□
11	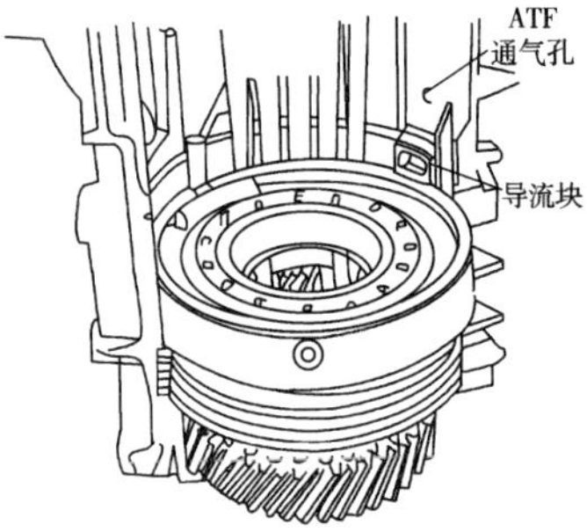	拔出导流块	是□　否□
12	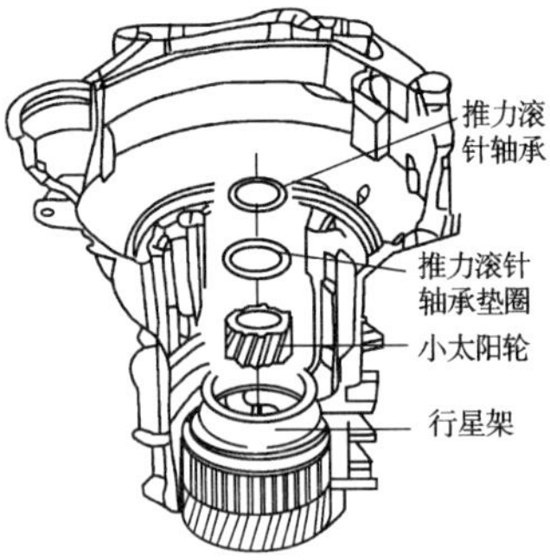	把小太阳轮以及垫圈和推力滚针轴承从行星架中抽出	是□　否□
13	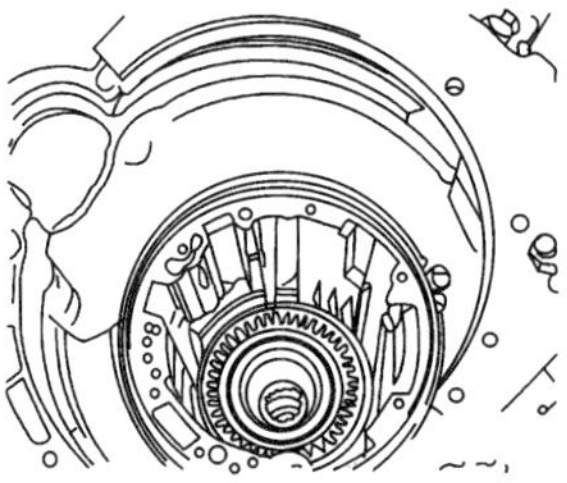	取出行星架的碟形弹簧,拆下倒挡制动器 B1 的摩擦片,取出推力轴承和垫圈	是□　否□

项目四 行星齿轮机构拆装检查及挡位路线的认识

根据表 10-5 组装自动变速器行星齿轮机构。

组装自动变速器行星齿轮机构　　　　表 10-5

步骤	图　示	内　容	完成情况
1	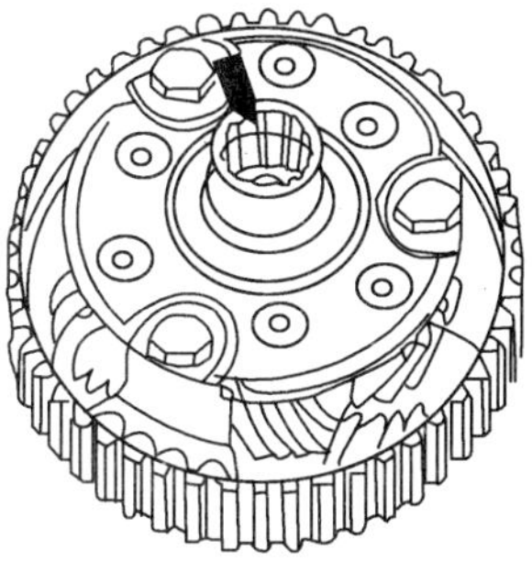	把 O 形圈装入行星架	是□　否□
2	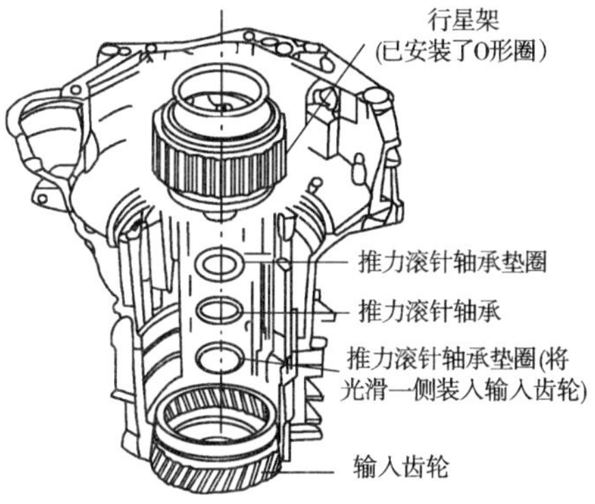	将推力滚针轴承以及垫圈装入输入齿轮	是□　否□
3	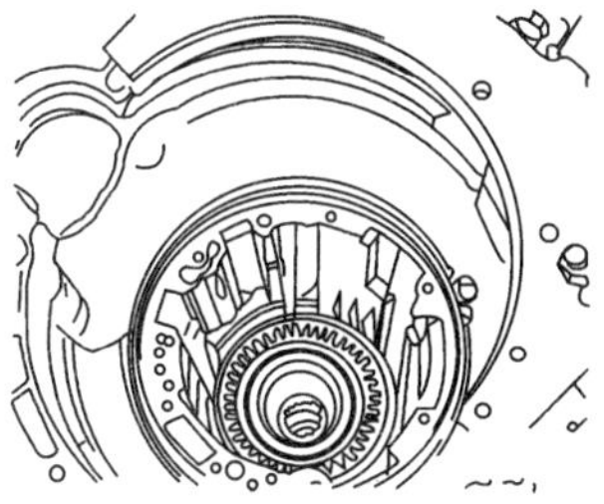	将小太阳轮以及垫圈和推力滚针轴承一同装入行星架内。将垫圈和推力滚针轴承调整到小太阳轮的中心	是□　否□
4	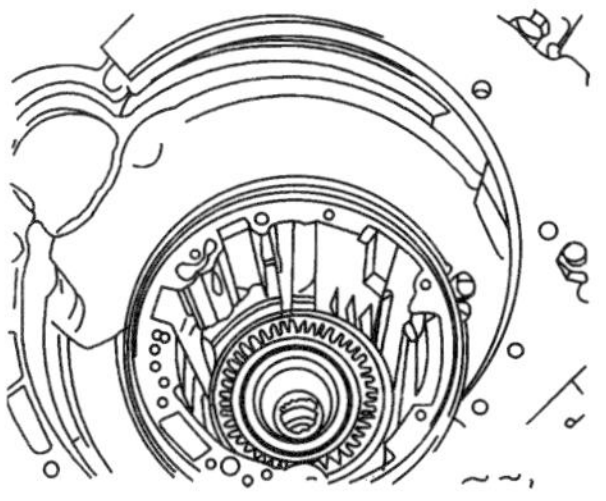	装入碟形挡圈,凸起侧朝着自由轮	是□　否□

续上表

步骤	图 示	内 容	完成情况
5	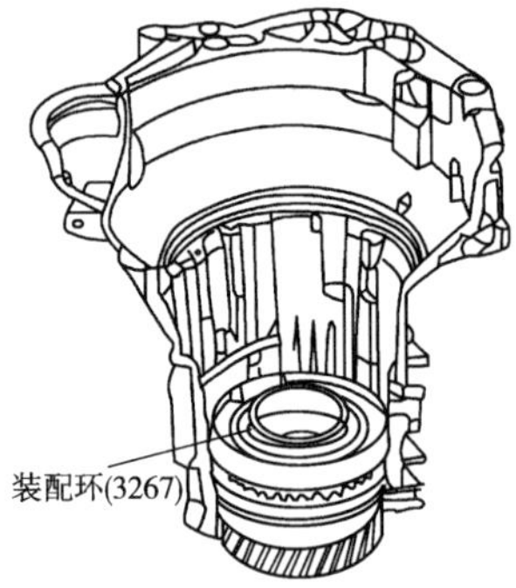 装配环(3267)	用装配环(3267)对自由轮滚柱施加预紧力,并且将自由轮装入	是□ 否□
6	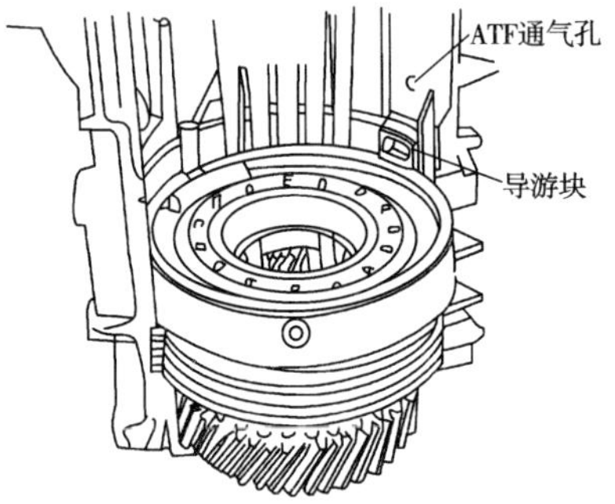 ATF通气孔 导游块	将导流块装入变速器壳体上的槽内	是□ 否□
7	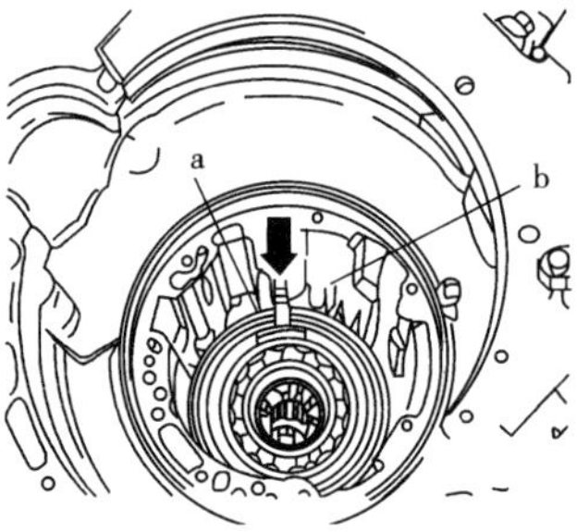 a b	装入支撑管 a 的卡环,将卡环的开口装到自由轮的定位键上(图中箭头所示)	是□ 否□
8	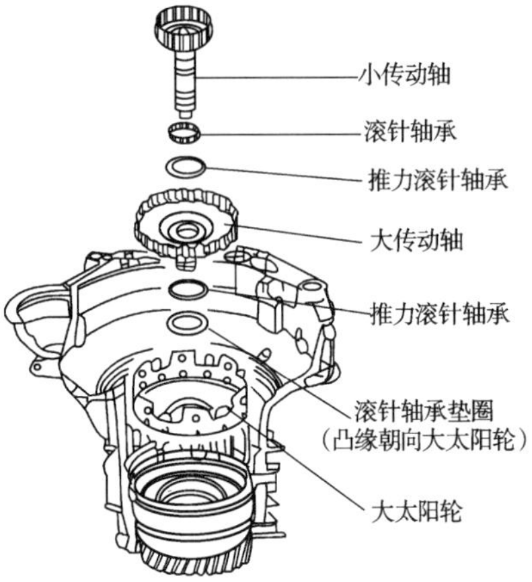 小传动轴 滚针轴承 推力滚针轴承 大传动轴 推力滚针轴承 滚针轴承垫圈(凸缘朝向大太阳轮) 大太阳轮	依次将大太阳轮至小传动轴的各零部件装入变速器壳体内	是□ 否□

项目四　行星齿轮机构拆装检查及挡位路线的认识

续上表

步骤	图　示	内　　容	完成情况
9	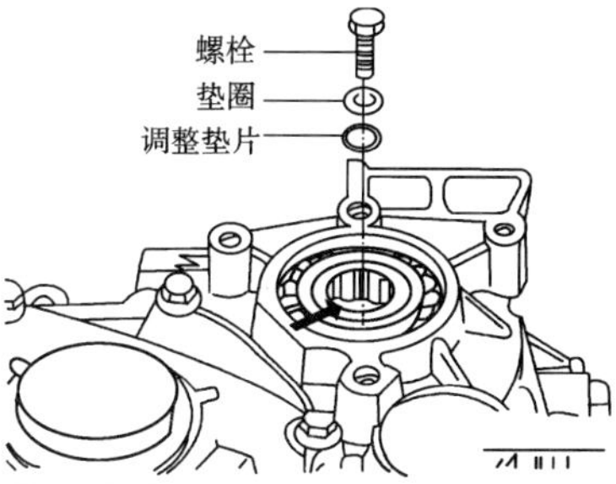 螺栓　垫圈　调整垫片	装入小传动轴的螺栓以及垫圈和调整垫片。将调整垫片放在小传动轴的凸缘上（图中箭头所示），确定调整垫片的厚度（调整行星架）	是□　否□
10	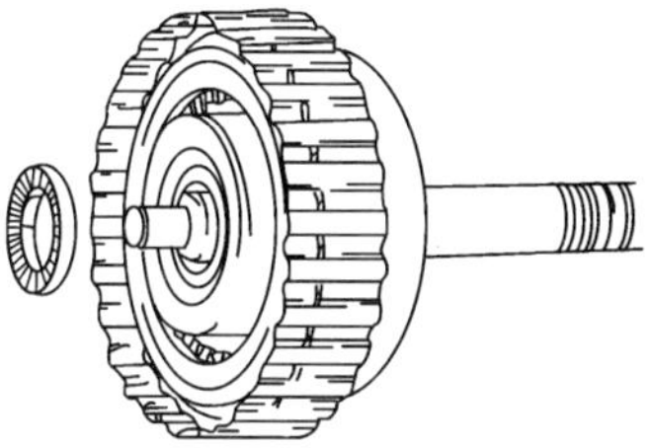	将带垫圈的推力滚针轴承装入3挡和4挡离合器C3内	是□　否□
11	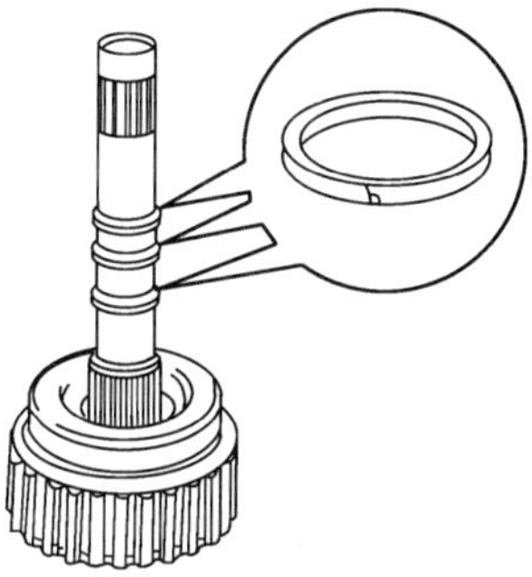	保证活塞环正确地套装在3挡和4挡离合器C3上，并且保证活塞环的两端相互钩住	是□　否□
12	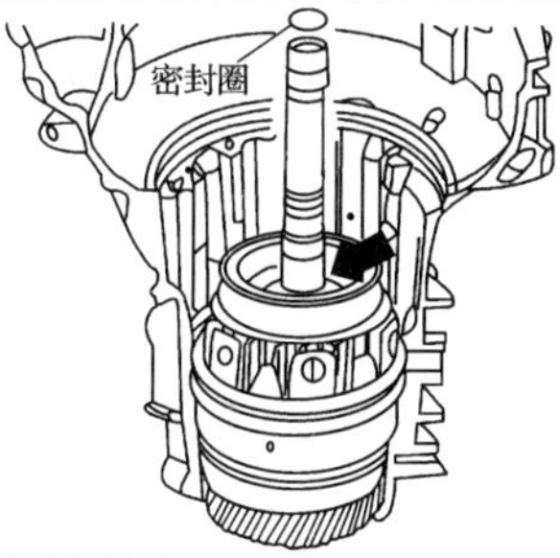 密封圈	装入3挡和4挡离合器C3，将密封圈装入槽内（图中箭头所示），装入最后的摩擦片，装入波纹形垫圈	是□　否□
13	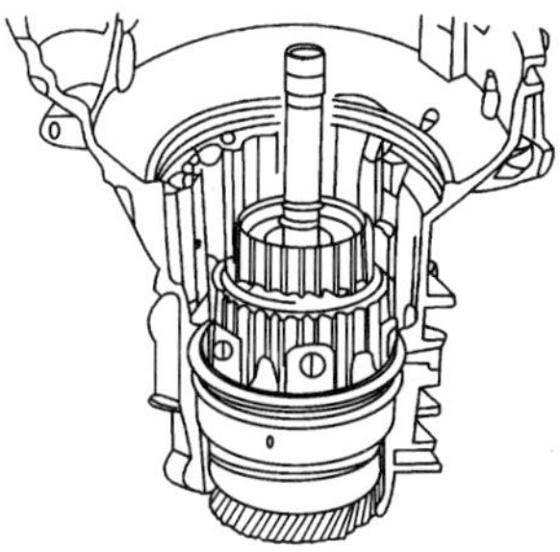	装入1挡～3挡离合器C1	是□　否□

续上表

步骤	图 示	内 容	完成情况
14	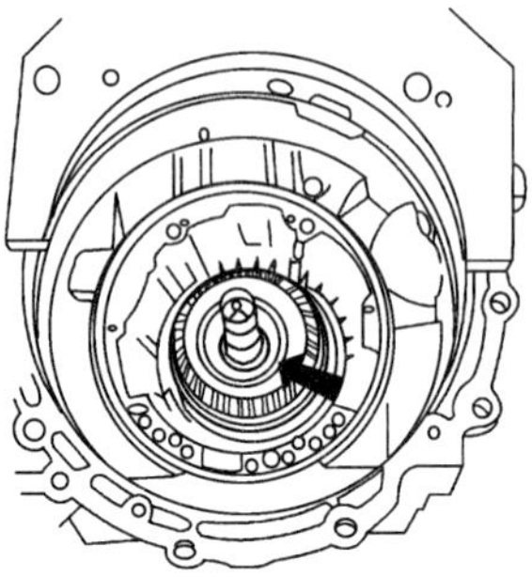	将调整垫片装入 C1。更换 C1、C2 或油泵后,应重新测量调整垫片,可以安装 1~2 个调整垫片	是□ 否□
15	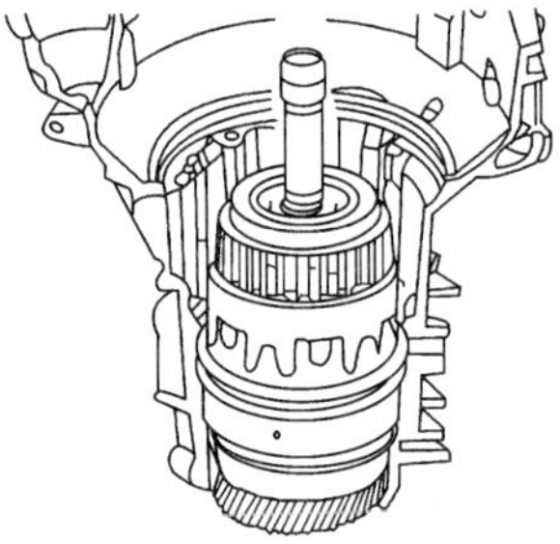	装入倒挡离合器 C2	是□ 否□
16	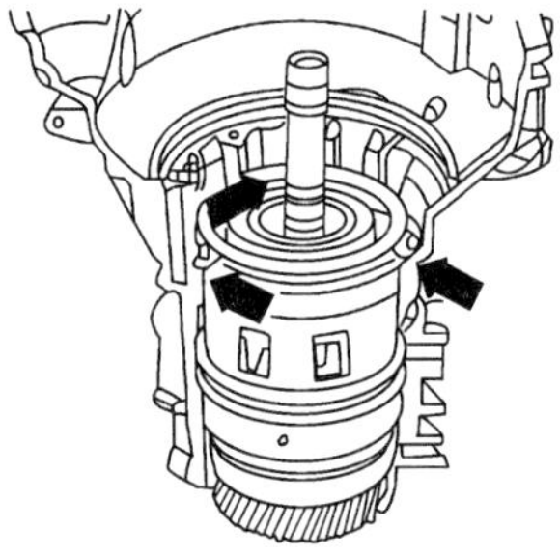	安装 B2 摩擦片:先装入一个厚度为 3mm 的外摩擦片,将 3 个弹簧头装到外摩擦片上,装入压缩环(图中箭头所示)。装入所有的摩擦片,但不装入最后一个摩擦片(只有装波纹弹簧垫圈的变速器,制动器的间隙 B2 才是由最后一片厚度为 3mm 的摩擦片决定的)	是□ 否□
17	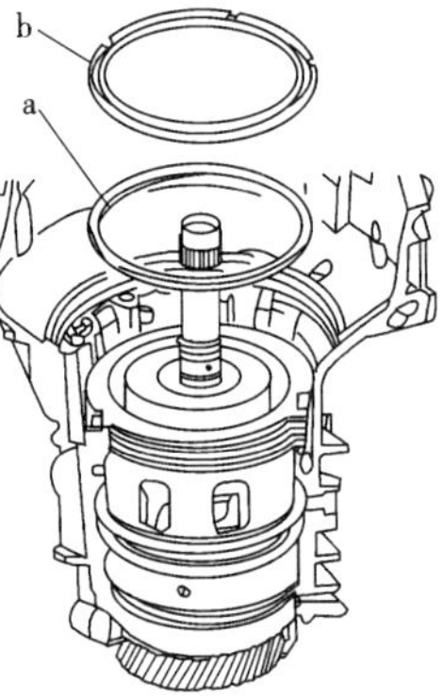	2 挡和 4 挡制动器 B2 的间隙是由推力环 b 所套装的调整垫片 a 确定的。不安装波纹垫片,装入最后一个厚度为 3mm 的外摩擦片。确定调整垫片的厚度,装入调整垫片。把推力环 b 放到调整垫片上,光滑一侧朝向调整垫片	是□ 否□

续上表

步骤	图 示	内 容	完成情况
18	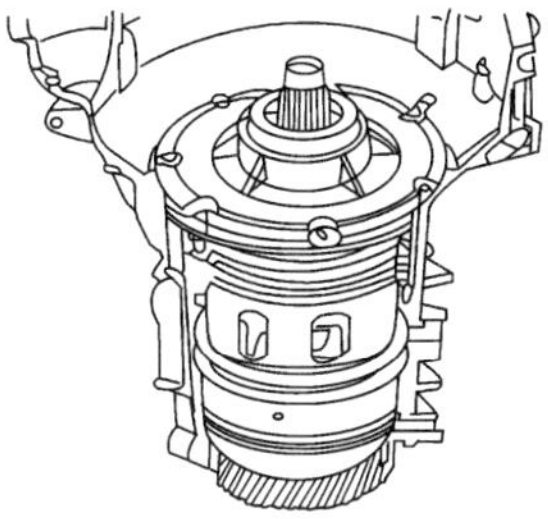	装入油泵的密封圈。把O形圈放到油泵上，均匀交叉地拧紧螺栓（拧紧力矩为8N·m），确保O形圈不被损坏。将螺栓继续拧紧90°。继续拧紧时，可以分若干级进行	是□ 否□
19	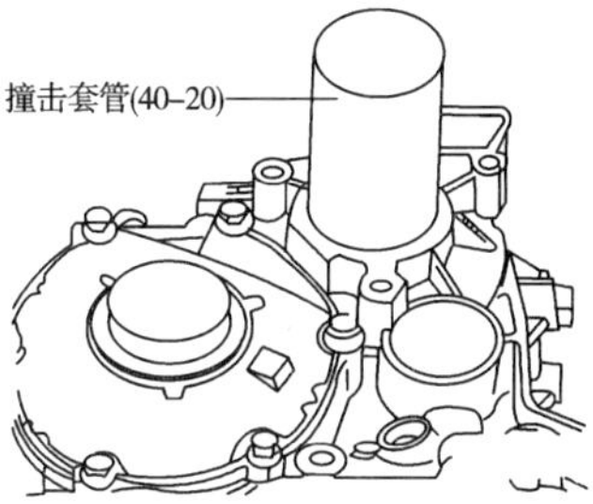	用撞击套管(40-20)敲入盖板	是□ 否□
20	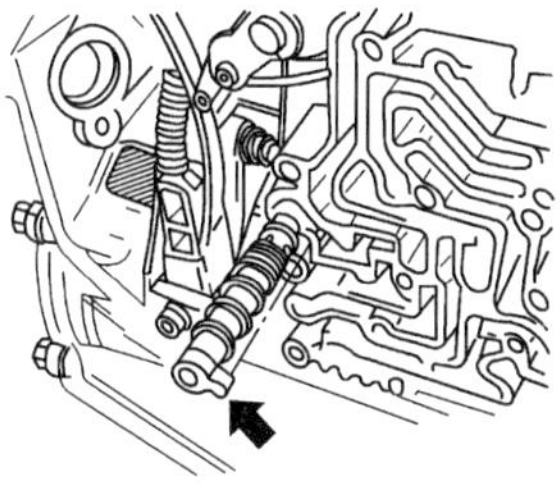	装入带O形圈的密封塞，凸缘座落在油槽内（图中箭头所示）	是□ 否□
21	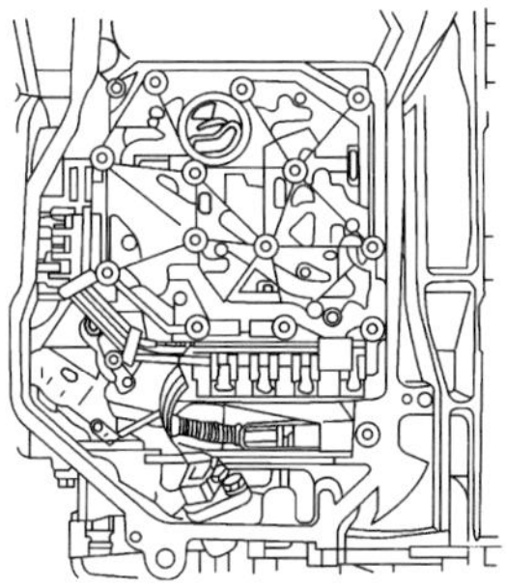	装入带扁状导线的阀体。装入油底壳、变矩器。加注3L的ATF，然后检查和补充ATF液位	是□ 否□

三 评价与反馈

请完成评价反馈表,见表10-6。

评 价 反 馈 表　　　　　　　　　　表10-6

请根据你自己在工作中和课堂上的表现,对自己进行客观的评价,看看你能获得几颗星?

评价项目	5颗星	3颗星	1颗星	评价结果
知识掌握情况	掌握相关理论知识,并能运用到实际操作中,任务完成良好	基本能够理解相关理论知识,能够完成相应工作	对相关理论知识不明白,不能或者难以完成相应的工作	
动手实践情况	积极参加,做好安全保护工作,注重工作质量	会动手实践,安全保护措施到位,工作质量较好	出现安全隐患,不知道如何动手实践	
小组合作情况	与小组成员配合工作很愉快	与小组其他同学配合工作交流较少	没有与其他同学进行交流	
6S执行情况	值日认真,服从指挥,工位、工装整洁,职业形象好	值日较认真,出现迟到或其他违纪情况	出现忘记值日、工位或工装不整洁的情况	
哪些方面需要改进				
教师点评				
学生姓名		小组长签名		
教师签名		日期		

四 学习拓展

(1) D1挡时的工作元件是＿＿＿＿＿＿、＿＿＿＿＿＿。试写出动力传递路线。

（2）D3 挡时的工作元件是_____、_____。试写出动力传递路线。

（3）R 挡时的工作元件是_____、_____。试写出动力传递路线。

项目五 自动变速器电子控制系统的检修

项目描述

学生通过对自动变速器电子控制系统进行检测,了解日产、丰田及大众汽车常用传感器、控制开关及执行器的结构和作用,理解其工作原理,掌握自动变速器电子控制系统基本的检测方法,学会分析电子控制系统主要元件的故障,为后续的项目学习打下良好的基础。

学习任务十一　电子控制系统的检修

学习目标

◎ 知识目标
(1)认识不同传感器及控制开关并了解其作用。
(2)能够叙述自动变速器电子控制系统的组成。
(3)能够叙述自动变速器电子控制系统的基本原理。

◎ 技能目标
(1)能够熟练操作检测设备,对电子控制系统进行检测。
(2)能按照维修手册的指导进行操作。

项目五 自动变速器电子控制系统的检修

◎ **素养目标**

（1）能够制订工作计划，独立完成工作任务。

（2）能够在工作过程中，与小组其他成员合作、交流并进行任务分工，具备团队合作和安全操作的意识。

 建议完成本学习任务的时间为 8 课时。

 学习任务描述

一辆装备 U340E 自动变速器的卡罗拉轿车在检修时，车主反映：故障指示灯点亮，自动变速器没有高速挡。需要你对故障进行检测并排除故障。

 学习内容

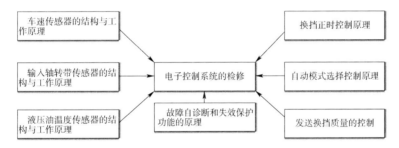

 注意事项

（1）注意人身安全，认真执行 6S 管理。

（2）发动机在无负荷的情况下，高速运转（3500r/min 以上）不能超过 3s，以免引起不可恢复性机械故障。

（3）严格遵守拆装规程，避免人为损坏零部件及电器插接件。

（4）使用高阻抗数字万用表，控制模块是精密元件，拆装时要小心谨慎，轻拿轻放。

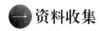 一、资料收集

引导问题 1 电子控制系统由哪些部件组成？其基本原理是什么？

自动变速器控制模块是控制系统的核心，它利用电子自动控制的原理，通过传

感器将汽车行驶速度和发动机负荷等参数转变为电信号,自动变速器控制模块根据这些电信号做出是否需要换挡的判断,并按照设定的控制程序发出换挡指令,操纵各种电磁阀(换挡电磁阀、油压电磁阀等)去控制阀板总成中各个控制阀的工作(接通或切断换挡控制油路),驱动离合器、制动器、锁止离合器等液压执行元件,从而实现对自动变速器的全面控制。

电子控制系统由各种传感器、控制开关、执行器和控制模块等组成。图 11-1 所示为自动变速器控制系统示意图。

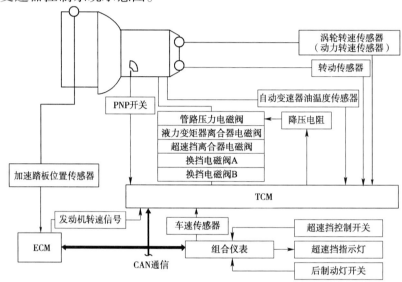

图 11-1　电子控制系统的组成

引导问题 2　　节气门位置传感器有什么作用? 它有哪些类型? 它是如何工作的?

节气门位置传感器安装在发动机节气门体上,用于检测节气门的开度,然后转换成电信号传送给控制模块,作为控制自动变速器换挡和锁止正时的依据,从而使自动变速器的换挡规律在任何行驶条件下都能满足汽车的实际使用要求。

节气门位置传感器信号相当于全液压控制自动变速器中所用的加速踏板控制液压。但是,由于这些信号用于控制换挡和锁止正时,因此,节气门所产生的加速踏板液压被用于控制管路液压。

节气门位置传感器有多种类型,装备自动变速器的汽车通常采用线性可变电阻型的节气门位置传感器。这种节气门位置传感器由一个线性电位计和一个怠速开关组成,如图 11-2 所示。节气门轴带动线性电位计及怠速开关的滑动触点。节气门关闭时,怠速开关接通;节气门开启时,怠速开关断开。当节气门处于不同位置时,电位计的电阻也不同。这样,节气门开度的变化被转变为电阻或电压信号输送给模块。模块通过节气门传感器可以获得表示节气门由全闭到全开的所有开启角度的连续变化的模拟信号以及节气门开度的变化速率,以作为其控制不同行驶条件下的挡位变换的主要依据之一。

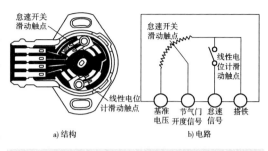

图 11-2 节气门位置传感器

图 11-3 所示节气门位置传感器线性地将节气门开度转换为电压信号,来自发动机 ECU 的恒定的 5V 电压作用在其端子 VC 上。施加于 VTA 端子上的电压大小与节气门开度成正比。

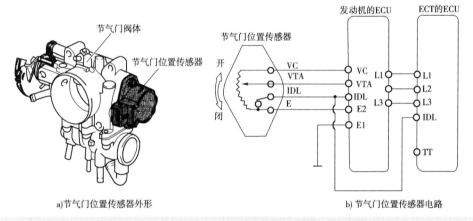

图 11-3 节气门位置传感器及电路

当节气门完全闭合时,IDL 信号的触点连接 IDL 及 E 端子,将 IDL 信号传送给控制模块。在控制模块收到不同信号后,便将节气门开启角度改变为 1~8V 的电压。

在某些车型中,节气门位置传感器信号直接传送给自动变速器控制模块,如图 11-4 所示。

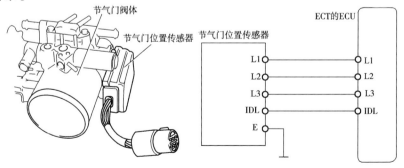

图 11-4 直接型 TPS 及其电路

如果输入控制模块的 IDL 信号不正常,则可能导致在驾驶中不发生锁止或者 N

位至 D 位有故障；如果 L1、L2、L3 的信号不正常，将导致换挡正时错误。

引导问题 3　车速传感器的作用是什么？它是如何工作的？

为了确保控制模块随时获得正确的车速信号，车速信号是由两个车速传感器输入的。主车速传感器（2 号车速传感器）安装在自动变速器输出轴附近，如图 11-5 所示。它是一种电磁感应式转速传感器，用于检测自动变速器输出轴的转速。模块根据车速传感器的信号计算出车速，作为其换挡控制的依据。

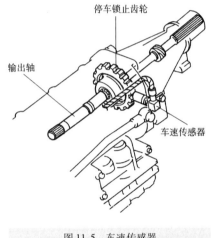

图 11-5　车速传感器

车速传感器由永久磁铁和电磁感应线圈组成，如图 11-6a）所示。它固定在自动变速器输出轴附近的壳体上，靠近安装输出轴上的停车锁止齿轮或感应转子。当输出轴转动时，停车锁止齿轮或感应转子的凸齿不断地靠近或离开车速传感器，使感应线圈的磁通量发生变化，从而产生交流感应电压，如图 11-6b）所示。车速越高，输出轴的转速也越高，感应电压的脉冲频率也越大。模块根据感应电压脉冲频率的大小计算出车速。

后备车速传感器（1 号车速传感器）安装在速度里程表中，如果主车速传感器出现故障，则它起到主车速传感器的作用。车速表软轴每转一周，该传感器输出四个脉冲信号。

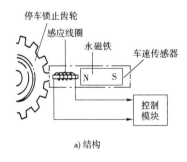

a）结构

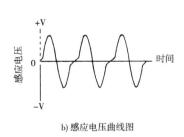

b）感应电压曲线图

图 11-6　车速传感器工作原理示意图

引导问题 4　输入轴转速传感器有何作用？

输入轴转速传感器的结构、工作原理与车速传感器相同。它安装在行星齿轮变速器的输入轴或与输入轴连接的离合器毂附近的壳体上,如图11-7所示,用于检测输入轴转速。并将信号传送给模块,使模块更精确地控制换挡过程。此外,模块还将该信号和来自发动机控制系统的发动机转速信号进行比较,计算出变矩器的传动比,使油路压力控制过程和锁止离合器控制过程得到进一步的优化,以改善换挡感觉,提高汽车的行驶性能。

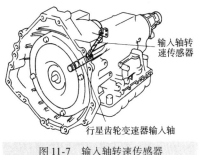

图11-7　输入轴转速传感器

引导问题5　ATF温度传感器有何作用？安装在什么位置?

ATF的黏度和离合器工作表面的摩擦特性会随着油液温度的变化而改变。ATF温度传感器安装在自动变速器油底壳内的阀板上,如图11-8所示。用于检测自动变速器的液压油的温度,以作为模块进行换挡控制、油压控制和锁止离合器控制的依据。ATF温度传感器内部是一个半导体热敏电阻,它具有负的温度电阻系数。温度越高,电阻越低,模块根据其电阻的变化测出自动变速器液压油的温度,如图11-9所示。

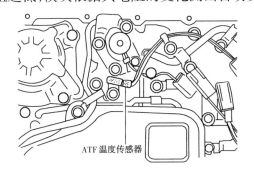

图11-8　ATF温度传感器

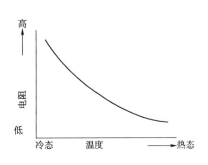

图11-9　ATF温度传感器特性图

控制模块使用此传感器提供的数据,根据ATF温度对变速器的工作状态进行必要修正;禁止变速器换入超速挡(D4挡);禁止变速器执行锁止操作;修正管路压力的控制状态。

除了上述各种传感器之外,自动变速器的控制系统还将发动机控制系统中的一些信号作为控制自动变速器的参考信号,如发动机转速信号、发动机冷却液温度信号、大气压力信号、进气温度信号等。

引导问题6　空挡起动开关有什么作用？

空挡起动开关用以判断变速杆的位置,当变速杆位于空挡或驻车挡时,起动开关接通。这时起动发动机,起动开关便向电控单元输出起动信号,使发动机得以起动,如图 11-10 所示。如果变速杆位于任一驱动位置,则起动开关断开,发动机不能起动,从而保证使用安全。当变速杆置于不同位置时,空挡起动开关便接通相关电路,电控单元根据接通电路的信号,控制变速器进行自动换挡,电路连接情况如图 11-11 所示。

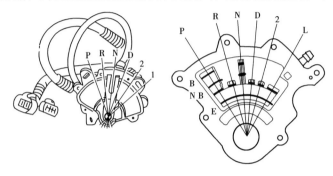

图 11-10 空挡起动开关(PNP 开关)

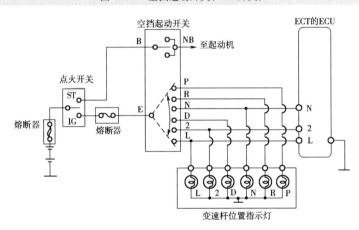

图 11-11 空挡起动开关(PNP 开关)电路图

空挡起动开关各触点连接状态见表 11-1。

如果 2 位信号断路,ECU 选择 D 位的换挡方式,但最高只能换到 3 挡。如果 L 位信号断路,ECU 也选择 D 位的换挡方式,但最高只能换到 2 挡。如果 N 位信号断路,则 N 位至 D 位不发生占驻控制。

各触点连接状态　　　　　　　　　　　　　　　　　　　表 11-1

端子 挡位	用于空挡起动开关			用于变速杆位置指示灯					
	B	NB	E	P	R	N	D	2	L
P	○─	─○	○──	──○					
R			○────		─○				
N	○─	─○	○─────			─○			

续上表

端子 挡位	用于空挡起动开关		用于变速杆位置指示灯						
	B	NB	E	P	R	N	D	2	L
D			○―――――――――――――○						
2			○――――――――――――――――○						
L			○――――――――――――――――――○						

注：○—○表示端子导通。

引导问题 7 强制降挡开关有什么作用？

控制模块通过此开关监测加速踏板是否完全踩下并将相应的信号发送至自动变速器控制模块，如果节气门位置传感器发生故障，控制模块根据来自强制降挡开关、怠速开关、节气门全开开关的信号确定节气门位置从而使车辆能够行驶。当加速踏板超过节气门全开位置时，强制降挡开关便接通，并向电控单元输送信号，这时电控单元即按其内存设置的程序控制换挡，并使变速器自动下降一个挡位，以提高汽车的加速性能。如果强制降挡开关短路，则电控单元不计其信号，按变速杆位置控制换挡。强制降挡开关如图11-12 所示。

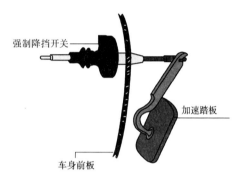

图 11-12 强制降挡开关

不是所有车型都安装有强制降挡开关，许多电子控制自动变速器采用节气门位置传感器的变化信号代替强制降挡开关信号，如 U341E 自动变速器。

引导问题 8 制动灯开关有何作用？

制动灯开关用以判断制动踏板是否踩下。如果踩下，则该开关便将信号输给电控单元，以解除锁止离合器的接合，防止突然制动时发动机熄火。制动灯开关的结构和线路如图11-13所示。

引导问题 9　超速挡开关的作用是什么？

超速挡开关位于变速杆上，该开关用来控制自动变速器的超速挡。当这个开关打开后，超速挡控制电路接通，此时若变速杆位于 D 挡，自动变速器随着车速的升高而升挡时，最高可升入 4 挡（即超速挡）。该开关关闭后，调速挡控制电路被断开，仪表板上的"O/D OFF"指示灯随之亮起，表示限制超速挡的使用，自动变速器随着车速的提高而升挡时，最高只能升入 3 挡，不能升入超速挡。超速挡开关线路如图 11-14 所示。

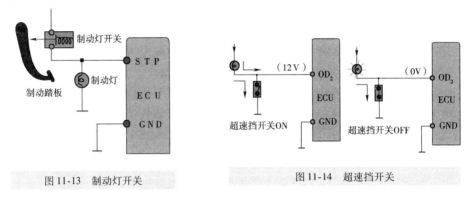

图 11-13　制动灯开关　　　　图 11-14　超速挡开关

引导问题 10　模式开关的作用是什么？

大部分电子控制自动变速器都有一个模式开关，用来选择自动变速器的控制模式，以满足不同的使用要求，如图 11-15 所示。所谓控制模式主要是指自动变速器的换挡规律。常见的自动变速器的控制模式有以下几种。

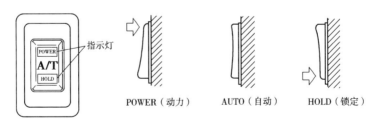

图 11-15　模式开关

1　经济模式

这种控制模式是以汽车获得最佳的燃油经济性为目标来设计换挡规律的。当自动变速器在经济模式状态下工作时，其换挡规律应能使发动机在汽车行驶过程中经常处在经济转速范围内运转,从而提高了燃油经济性。

2 动力模式

这种控制模式是以汽车获得最大的动力性为目标来设计换挡规律的。在这种控制模式下,自动变速器的换挡规律能使发动机在汽车行驶过程中经常处在大功率范围内运转,从而提高了汽车的动力性能和爬坡能力,如图11-16所示。

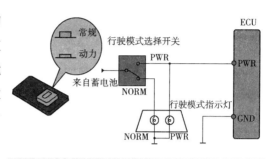

图11-16 模式开关电路

3 标准模式

标准模式是指换挡规律介于经济模式和动力模式之间的一种换挡模式。它兼顾了动力性和经济性,使汽车既保证一定的动力性,又有较佳的燃油经济性。

引导问题11 自动变速器控制模块有哪些主要控制内容?

各种自动变速器控制模块的控制内容和控制方式虽然不完全相同,但却有很多相似之处,控制模块主要控制内容有:控制换挡正时、控制锁止离合器锁止正时、控制管路压力、控制换挡品质、自诊断、失效保护、转矩控制等,如图11-17所示。

图11-17 控制模块的控制内容

引导问题12 自动变速器控制模块与发动机控制模块是否是同一个控制模块,自动变速器电子控制系统的组成有哪些?

丰田汽车的大部分电子控制自动变速器,采用和发动机共用一个控制模块来控制,也就是说两者统一在一起,称为动力控制模块(ECM),这样使自动变速器的工作能更好地与发动机的工作相匹配。

有些车型的自动变速器有独立的控制模块(ECT),该控制模块专门用于控制自动变速器的工作。这种控制模块除了和自动变速器工作有关的传感器、控制开关、执行器连接之外,往往还通过电路和汽车的其他系统的控制模块连接,如发动机控制系统的控制模块(ECU)、巡航控制系统的控制模块等,并从这些控制模块中获取与控制自动变速器有关的信号,或将自动变速器的工作情况通过电信号传送给其他系统的控制模块,让汽车其他系统的工作能与自动变速器相配合。

自动变速器电子控制系统主要由各种传感器、执行器及控制模块组成。卡罗拉汽车 U341E 自动变速器控制系统组成如图 11-18 所示。

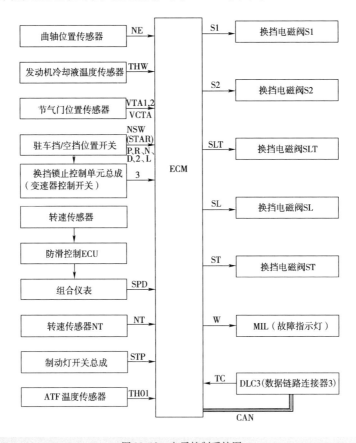

图 11-18　电子控制系统图

引导问题 13　**控制模块是如何控制换挡的?**

(1)换挡正时控制。换挡正时控制即控制自动变速器的换挡时刻,也就是在汽车达到某一车速时,自动地、适时地让自动变速器升挡或降挡。它是自动变速器控制模块最基本的控制内容。自动变速器的换挡时刻(即换挡车速,包括升挡车速和降挡车速)对汽车的动力性和燃料经济性有很大影响。对于汽车的某一特定行驶工况来说,有一个与之相对应的最佳换挡时刻或换挡车速。控制模块应使自动变速器在汽车任何行驶条件下都按最佳换挡时刻进行换挡,从而使汽车的动力性和燃料经济性等各项指标达到最优。

汽车的最佳换挡点主要取决于汽车行驶时的节气门开度和车速。不同节气门开度下的最佳换挡车速可以用自动换挡图来表示,如图11-19所示。由图11-19可知,节气门开度越小,汽车的升挡车速和降挡车速越低;反之,节气门开度越大,汽车的升挡车速和降挡车速越高。这种换挡规律十分符合汽车的实际使用要求。例如,当汽车在良好的路面上缓慢加速时,行驶阻力较小,节气门开度也小,升

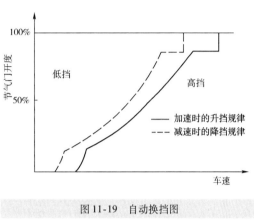

图11-19 自动换挡图

挡车速可相应降低,即可以较早地升入高挡,从而让发动机在较低的转速范围内工作,减少汽车油耗;反之,当汽车急加速或上坡时,行驶阻力较大,为保证汽车有足够的动力,节气门开度应较大,换挡时刻相应延迟,也就是升挡车速相应提高,从而让发动机工作在较高的转速范围内,以发出较大的功率,提高汽车的加速和爬坡能力。

图11-20所示为换挡图,从图中可以看到:

①自动变速器的换挡是根据车速和发动机负荷(节气门开度)自动实现的。

②换挡实现的点称为换挡点,每种车型的换挡点以一个固定的车速表示。

③根据车速和发动机负荷显示换挡点的图称为自动换挡图。

④换挡滞后现象:变速器换挡时的速度有一个范围,与挡位无关,这个范围称为滞后现象。

(2)汽车自动变速器的变速杆或模式开关处于不同位置时,对汽车的使用要求也有所不同,因此其换挡规律也应作相应的调整。

控制模块将汽车在不同使用要求下的最佳换挡规律以自动换挡图的形式储存在存储器中。在汽车行驶中,控制模块根据挡位开关和模式开关的信号从存储器内选择出相应的自动换挡图,再将车速传感器和节气门位置传感器测得的车速、节气门开度与自动换挡图进行比较;根据比较结果,在达到设定的换挡车速时,控制模块便向换挡电磁阀发出电信号,以实现挡位的自动变换。

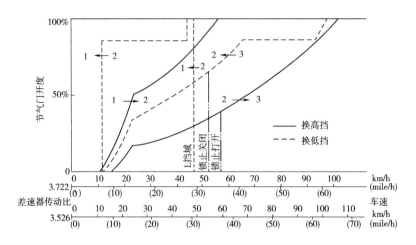

图 11-20　丰田 A130 系列换挡图

引导问题 14　控制模块是如何进行油路压力控制的？

电液式控制系统中的主油路油压是由主油路调压阀来调节的。早期的电液式控制系统还保留了液力式控制系统中由节气门拉索控制的节气门阀，并让主油路调压阀的工作受控于节气门阀产生的节气门油压，使主油路油压随着发动机负荷的增大而增加，以满足传递大转矩时对离合器、制动器等换挡执行元件液压缸工作压力的需要。

新型电子控制自动变速器的电流式控制系统则完全取消了由节气门拉索控制的节气门阀，它们的节气门油压由一个油压电磁阀来产生。油压电磁阀是一种脉冲线性式电磁阀，控制模块根据节气门位置传感器测得的节气门开度，计算并控制送往油压电磁阀的脉冲信号的占空比，以改变油压电磁阀排油孔的开度，产生随节气门开度变化的油压，即节气门油压。

节气门开度越大，脉冲电信号的占空比越小，油压电磁阀的排油孔开度越小，节气门油压越大。这一节气门油压被反馈到主油路调压阀，作为主油路调压阀的控制压力，使主油路调压阀随着节气门开度的变化改变所调节的主油路油压的大小，以获得不同的发动机负荷下主油路油压的最佳值，并将驱动油泵的动力损失减少到最小。

此外控制模块还能根据挡位开关的信号，在变速杆置于倒挡位时提高节气门油压，使倒挡时的主油路油压升高，以满足倒挡时对主油路油压的需要。

除正常的主油路油压控制外，控制模块还可以根据各个传感器测得的自动变速器的工作条件,在一些特殊情况下,对主油路油压做适当的修正,使油路压力控制获得最佳效果。例如,在变速杆置于前进低挡位(S、L或2、1)时,由于汽车的驱动力相应较大,控制模块自动使主油路油压高于前进挡时的油压,以满足传递的需要。

为减小换挡冲击,控制模块还在自动变速器换挡过程中按照换挡时节气门开度的大小,通过油压电磁阀适当减小主油路油压,以改善换挡感觉。控制模块还可以根据液压油温度传感器的信号,在液压油温度未达到正常工作温度时(低于60℃),将主油路油压调整为低于正常值,以防止因液压油在低温下黏度较大而产生换挡冲击;当液压油温度过低时(低于-30℃),控制模块使主油路油压升到最大值,以加速离合器、制动器的接合,防止温度过低时因液压油黏度过大而导致换挡过程过于缓慢。在海拔较高时,发动机输出功率降低,控制模块将主油路油压控制为低于正常值,以防止换挡时产生冲击。

引导问题15 控制模块在自动模式中是如何工作的?

液力控制自动变速器和早期的电子控制自动变速器都设有模式开关,如图11-21所示。驾驶人可以通过这一开关来改变自动变速器的控制模式,选择经济模式、普通模式或动力模式。在不同的模式下,自动变速器的换挡规律有所不同,以满足不同的使用要求。例如,在经济模式中,是以获得最小的燃油消耗为目的进行换挡控制,因此换挡车速相对较低,动力性能稍差;在动力模式中,是以满足最大动力性为目的进行换挡控制,因此换挡车速相对较高,油耗也较大。

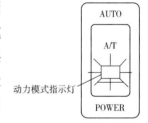

图11-21 模式开关

一些新型的电子控制自动变速器由于采用了由大规模集成电路组成的控制模块,具有很强的运算和控制功能,并具有一定的智能控制能力,因此这种自动变速器可以取消模式开关,由控制模块进行自动模式选择控制。控制模块通过各个传感器测得汽车行驶情况和驾驶人的操作方式,经过运算分析,自动选择采用经济模式、普通模式或动力模式进行换挡控制,以满足不同的驾驶人操作要求。

控制模块在进行自动模式选择控制时,主要参考变速杆的位置及加速踏板被踩下的速率,以判断驾驶人的操作目的,自动选择控制模式。

(1)当变速杆置于前进低挡位(S、L或2、1)时,控制模块只选择动力模式。

(2)当变速杆置于前进挡位(D)且加速踏板被踩下的速率较低时,控制模块选择经济模式;当加速踏板被踩下的速率超过控制程序中所设定的速率时,控制模块由经济模式转变为动力模式。在这种选择控制中，控制模块将车速和节气门开度的组合划分为一定数量的区域，每个区域有不同节气门开启速率的程序值。当驾驶人踩下加速踏板的速率大于汽车行驶车速和节气门开度对应区域的节气门开启速率程序值时，控制模块即选择动力模式；反之，当踩下加速踏板的速率小于车速或节气门开度所对应区域的节气门开启速率程序值时，控制模块即选择经济模式。这些区域中节气门开启速率程序值的分布规律是：车速越低或节气门开度越大，其程序值越小，即越容易选择动力模式。

(3) 在前进挡位(D)中，控制模块选择动力模式之后，一旦节气门开度低于1/8时，控制模块即由动力模式转换为经济模式。

引导问题16 变矩器中的锁止离合器何时工作？

电子控制自动变速器的变矩器中的锁止离合器的工作是由控制模块控制的。控制模块按照设定的控制程序，通过一个锁止电磁阀来控制锁止离合器的接合或分离。正确的锁止离合器控制程序应当是既能满足自动变速器的工作要求，保证汽车的行驶能力，又能最大限度地降低燃油消耗。

自动变速器在各种工作条件下的最佳锁止离合器控制程序被事先储存在控制模块的存储器内。控制模块根据变速器的挡位、控制模式等工作条件从存储器内选择出相应的锁止控制程序，再将车速、节气门开度与锁止控制程序进行比较。当车速足够高，且其他各种因素均满足锁止条件时，控制模块即向锁止电磁阀输出电信号，使锁止离合器接合，实现变矩器的锁止。

控制模块在对锁止离合器进行控制时，还要根据自动变速器的工作条件，在下述一些特殊工况下禁止锁止离合器接合，以保证汽车的行驶性能。这些禁止锁止离合器接合的条件有：

(1) 液压油温度低于60℃。
(2) 车速低于140km/h，且怠速开关接通。

引导问题17 自动变速器是如何改善换挡质量，提高汽车乘坐舒适性的？

随着控制模块性能的不断提高，电子控制自动变速器控制系统的控制范围越来越广泛，控制功能也越来越多，可以采用多种方法来控制自动变速器的换挡过程，以改善换挡质量，提高汽车的乘坐舒适性。常见的改善换挡质量的控制功能有以下几种。

1 换挡油压控制

在升挡或降挡的瞬间,控制模块通过油路压力电磁阀适当降低主油路油压,以减小换挡冲击,改善换挡质量。也有一些控制系统是通过电磁阀在换挡时减小减振器活塞的背压,以减缓离合器或制动器液压缸内油压的增长速度,达到减小换挡冲击的目的。

2 减转矩控制

在换挡的瞬间,控制模块通过延迟发动机的点火时间以减少喷油量,暂时减小发动机的输出转矩,以减小换挡冲击和输出轴的转矩波动。这种控制的执行过程是:自动变速器的控制模块在自动升挡或降挡的瞬间,通过电路向发动机控制模块发出减小转矩控制信号,发动机控制模块接收到这个信号后,立即延迟发动机点火时间或减少喷油量,执行减转矩控制,并在执行完这个控制后,向自动变速器控制模块发回已减转矩信号。

3 N-D 换挡控制

N-D 换挡控制是在变速杆由驻车挡或空挡(P 或 N)换至前进挡或倒车挡(D 或 R),或相反地由 D 位或 R 位换至 P 位或 N 位时,控制模块通过调整发动机喷油量,将发动机的转速变化减至最低程度,以改善换挡质量。

若没有这种控制时,当自动变速器的变速杆由 P 位或 N 位换至 D 位或 R 位时,由于发动机负荷增加,转速随之下降;反之,由 D 位或 R 位换至 P 位或 N 位时,由于发动机负荷减小,转速将上升。具有 N-D 换挡控制功能的自动变速器的控制模块在变速杆由 P 位或 N 位换至 D 位或 R 位时,若输入轴传感器所测得的输入轴转速变化超过规定值,即向发动机控制模块发出 N-D 换挡控制信号,发动机控制模块根据这个信号增加或减小喷油量,以防止发动机转速变化过大。

引导问题 18 电子控制系统的执行器有哪些类型?开关型电磁阀是如何工作的?

电子控制装置中的执行器是指各种电磁阀。电磁阀安装在阀体上,图 11-22 所示为大众 01N 自动变速器上的各种电磁阀。根据工作过程分为开关式电磁阀和脉冲线性式电磁阀;从功能上主要分为换挡电磁阀、油压控制电磁阀和变矩器锁止控制阀。

开关式电磁阀的作用是开启或关闭液压油路,通常用于控制换挡阀及变矩器锁

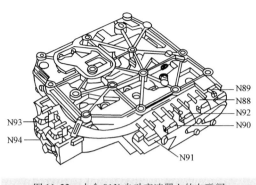

图11-22 大众01N自动变速器上的电磁阀

止控制阀的工作。开关式电磁阀由电磁线圈、衔铁、复位弹簧、阀芯和阀球所组成,如图11-23所示。开关式电磁阀的工作方式:

(1)让某一条油路保持油压或泄空,如图11-23a)所示,即当电磁线圈不通电时,阀芯被油压推开,打开泄油孔,该油路的液压油经电磁阀泄空,油路压力为零;当电磁阀线圈通电时,电磁阀使阀芯下移,关闭泄油孔,使油路油压上升。

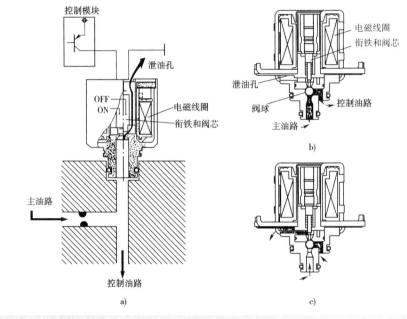

图11-23 开关式电磁阀

(2)开启或关闭某一条油路,即当电磁线圈不通电时,油压将阀芯推开,阀球在油压作用下关闭泄油孔,打开进油孔,使主油路压力油进入控制油道,如图11-23b)所示;当电磁线圈通电时,电磁力使阀芯下移,推动阀球关闭进油孔,打开泄油孔,控制油道内的压力油由泄油孔泄空,如图11-23c)所示。

控制模块通过数字脉冲信号对变矩器离合器电磁阀进行控制。柱塞在OFF期间关闭泄压管路,在ON期间开启泄压管路,如图11-24所示。如果在一个周期中OFF时间占的百分比增加,先导压力泄压时间会减少,这样先导压力仍然会保持高压。锁止活塞通过滑动来调节通—断时间的比例,以减少锁止冲击,如图11-25所示。

项目五 自动变速器电子控制系统的检修

引导问题 19 脉冲线性式电磁阀是如何工作？

脉冲线性式电磁阀的结构与开关式电磁阀相似，它是由电磁线圈、衔铁、阀芯或滑阀等组成，如图 11-26 所示。它通常用来控制油路中的油压，当电磁线圈通电时，电磁力使阀芯或滑阀开启，液压油经泄油孔排出，油路压力随之下降；当电磁线圈断电时，阀芯或滑阀在弹簧弹力的作用下将泄油孔关闭，使油路压力上升。

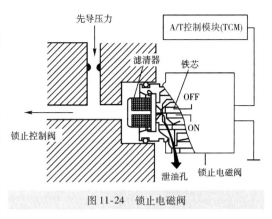

图 11-24 锁止电磁阀

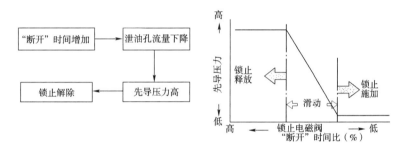

图 11-25 锁止电磁阀工作情况

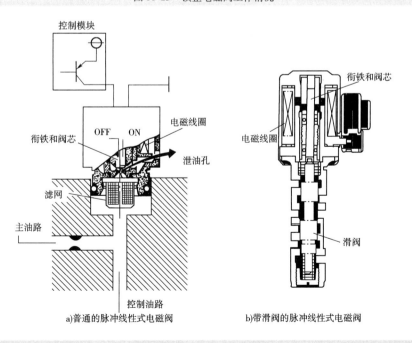

a) 普通的脉冲线性式电磁阀　　b) 带滑阀的脉冲线性式电磁阀

图 11-26 脉冲线性式电磁阀

脉冲线性式电磁阀和开关式电磁阀的不同之处在于控制它的电信号不是恒定不变的电压信号,而是一个固定频率的脉冲电信号。电磁阀在脉冲电信号的作用下不断反复地开启和关闭泄油孔,控制模块通过改变每个脉冲周期内电流接通和断开的时间比率,又称占空比,即在一个脉冲周期内,通电的时间为 A,断电的时间为 B,则占空比 $= A/(A+B) \times 100\%$,故其变化范围为 $0\% \sim 100\%$。改变电磁阀开启和关闭时间的比率,来控制油路的压力。占空比越大,经电磁阀泄出的液压油越多,油路压力就越低;反之,占空比越小,油路压力就越大,如图 11-27 所示。

脉冲线性式电磁阀一般安装在主油路或减振器背压油路上,控制模块通过这种电磁阀在自动变速器升挡或降挡的瞬间使油压下降,进一步减少换挡冲击,使挡位的变换更加柔和。

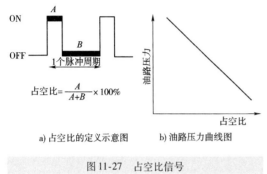

图 11-27　占空比信号

引导问题 20　控制模块的故障自诊断和失效保护功能有哪些？

电子控制自动变速器是在电子控制系统中控制模块的控制下工作的。控制模块根据各个传感器测得的有关信号,按预先设定的控制程序,通过向各个执行器发出相应的控制信号来控制自动变速器的工作。如果电子控制装置中的某个传感器出现故障,不能向控制模块输送信号,或某个执行元件损坏,不能完成控制模块的控制指令,就会影响控制模块对自动变速器的控制,使自动变速器不能正常工作。

1. 失效保护功能

为了及时发现电子控制装置中的故障,并在出现故障时尽可能使自动变速器保持最基本的工作能力,以维持汽车行驶,便于汽车进厂维修,许多电子控制自动变速器的电子控制装置具有故障自诊断和失效保持功能。这种电子控制装置在控制模块内设有专门的故障自诊断电路,它在汽车行驶过程中不停地监测自动变速器电子控制装置中所有传感器和部分执行器的工作。一旦发现某个传感器或执行器有故障,工作不正常,它立即采取以下几种保护措施。

(1) 在汽车行驶时,仪表板上的自动变速器故障警告灯亮起,提醒驾驶人立即将汽车送至维修厂检修。有部分车辆是以控制系统指示灯为故障警告灯的,有些车辆是以超速挡指示灯 "O/D OFF" 作为自动变速器故障警告灯的,如图 11-28 所示。若警告灯亮起后,按超速挡开关也不能将它熄灭,即说明电子控制系统出现故障。

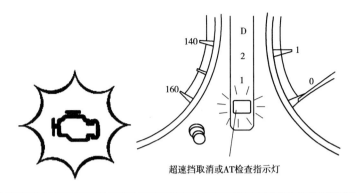

超速挡取消或AT检查指示灯

图11-28　故障指示灯

（2）将检测到的故障内容以故障代码的形式储存在控制模块的存储器内。只要不拆除汽车蓄电池,被测到的故障代码就会一直保存在控制模块内。即使是汽车行驶中偶尔出现的一次故障,控制模块也会及时地检测到并记录下来。在维修时,检修人员可采用一定的方法将储存在控制模块内的故障代码读出,为查找故障部位提供可靠的依据。

（3）传感器出现故障时,控制模块所采取的失效保护功能有以下方面。

①节气门位置传感器出现故障时,控制模块根据怠速开关的状态进行控制。

当怠速开关断开时（加速踏板被踩下）,按节气门开度为1/2进行控制,同时节气门油压为最大值；当怠速开关接通时（加速踏板完全放松）,按节气门处于全闭状态进行控制,同时节气门油压为最小值。

②车速传感器出现故障时,控制模块不能进行自动换挡控制,此时自动变速器的挡位由变速杆的位置决定。

在D位和S（或2）位固定为超速挡或3挡,在L（或1）位固定为2挡或1挡；或不论变速杆在任何前进挡位,都固定为1挡,以保持汽车最基本的行驶能力。许多车型的自动变速器有2个车速传感器,其中一个用于自动变速器的换挡控制,另一个为仪表板上车速表的传感器。这两个传感器都与控制模块相连,当用于换挡控制的车速传感器损坏时,控制模块可利用车速表传感器的信号来控制换挡。

③输入轴转速传感器出现故障时,控制模块停止减转矩控制,换挡冲击有所增大。

④液压油温度传感器出现故障时,控制模块按液压油温度为80℃的设定进行控制。

（4）执行器出现故障时,控制模块所采取的失效保护功能有如下方面。

①换挡电磁阀出现故障时,不同的控制模块有两种不同的失效保护功能:一是不论有几个换挡电磁阀出现故障,控制模块都将停止所有换挡电磁阀的工作,此时自动变速器的挡位将完全由变速杆的位置决定,在D位和S(或2)位时被固定为3挡,在L(或1)位时被固定为2挡;二是几个换挡电磁阀中有一个出现故障时,控制模块控制其他无故障的电磁阀工作,以保证自动变速器仍能自动升挡或降挡,但会失去某些挡位,而且升挡或降挡规律有所变化,例如,可能直接由1挡升到3挡或超速挡。

②强制离合器或强制制动器电磁阀出现故障时,控制模块停止电磁阀的工作,让强制离合器或强制制动器始终处于接合状态,这样汽车减速时总有发动机制动作用。

③锁止电磁阀出现故障时,控制模块停止锁止离合器控制,使锁止离合器始终处于分离状态。

④油压电磁阀出现故障时,控制模块停止锁止离合器控制,使油路压力保持为最大。

2 自诊断

如果节气门位置传感器、车速传感器、电磁阀等部件发生故障,控制模块将存储故障记忆,并通过动力模式指示灯进行警告。

(1)驾驶人提醒。对于U341E自动变速器,如果不存在故障,当点火开关转动到ON位置时,动力模式指示灯将亮起2s,供检查指示灯工作是否正常。

如果先前行驶过程中曾发生故障,动力模式换挡指示灯将闪烁,这样可以使驾驶人得知电气部件先前已发生的故障,如图11-29所示。

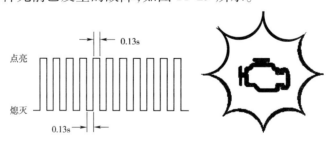

图11-29 故障指示灯的工作频率

(2)维修提醒。控制模块将存储先前自诊断后发生故障的相关记忆,自诊断是通过以规定的顺序输入起动信号的方法调出的。自诊断的启动步骤在维修手册中进行说明,以指示发生故障的零部件。

如果不存在故障,指示灯在一个闪烁周期内亮起0.1s,然后熄灭0.9s。

如果存在故障,指示灯在一个闪烁周期内亮起0.13s,然后熄灭0.13s。

引导问题21 自动变速器控制系统的检测流程是怎样的?

自动变速器控制系统出现故障时导致故障指示灯点亮,请根据图11-30所示流程图进行检测。

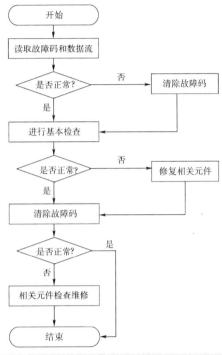

图11-30 控制系统检测流程图

二 实施作业

引导问题22 作业前应该准备哪些工具和设备?

(1)座椅套、转向盘套、地板垫、车辆翼子板布、前格栅布、干净抹布。
(2)装备U341E自动变速器的卡罗拉轿车及维修手册。
(3)汽车万用表、汽车专用示波器和手持式故障诊断仪。
(4)工作记录表、评分表。

引导问题23 如何进行作业前的准备工作?

(1)现场安全确认:车辆、举升机、工位安全确认。

(2)车辆防护:翼子板布、前格栅布、座椅套、转向盘套、地板垫、车轮挡块。

(3)安全检查:机油、冷却液、ATF、蓄电池电压等。

引导问题24 通过查询和查找,你能找到以下信息吗?

请完成车辆基本信息表,见表11-2。

车辆基本信息表　　　　　　　　　　　　　　　　　　　　　表11-2

项　目	具体信息
车牌号码	
行驶里程	
发动机型号及排量	
车辆识别代码(VIN)	

引导问题25 如何读取、清除故障码并读取数据流?

当点火开关转到ON位置、发动机不运转时,警告灯点亮。当发动机起动时,故障警告灯应熄灭,如果故障警告灯继续点亮,则说明自动变速器控制系统可能有故障。

(1)人工读取故障码:使用跨接线,短接诊断接头的端子,通过仪表上故障指示灯不同频率的闪烁(闪烁时间长短和次数)来读取故障码。

(2)专用故障诊断仪或解码器读取故障码和数据流。诊断仪通常配有多种车型的诊断接头和诊断卡,具体使用请参考仪器的操作说明和车型维修数据。

当认为故障原因在电气系统时,应参考故障症状表,见表11-3,按照症状检查每个症状的可疑故障部位。如果无检查表中的异常症状出现,但故障仍然出现,检查并更换ECM,自动传动桥系统故障码表请参考表11-4。

故 障 症 状 表　　　　　　　　　　　　　　　　　　　　　表11-3

症　状	可疑部位
不能加挡(特定的挡位,从一挡至三挡,不能加挡)	ECM
不能加挡(三挡至四挡)	变速器控制开关电路*1
	ECM
不能减挡(四挡至三挡)	变速器控制开关电路*1
	ECM
不能减挡(特定的挡位,从三挡至一挡,不能减挡)	ECM
不能锁止或不能关闭锁止	制动灯开关电路*1
	发动机冷却液温度传感器电路*1(2ZR-FE)
	ECM

续上表

症　状	可疑部位
换挡点太高或太低	节气门位置传感器电路＊1(2ZR-FE)
	发动机冷却液温度传感器电路＊1(2ZR-FE)
	ECM
变速杆置于3位时,从三挡加挡至四挡	变速器控制开关电路＊1
	ECM
发动机冷机时,从三挡加挡至四挡	发动机冷却液温度传感器电路＊1(2ZR-FE)
	ECM
接合生硬(N位至D位)	ECM
接合生硬(锁止)	ECM
接合生硬(任一行驶位置)	ECM
加速不良	ECM
在起动或停车时发动机失速	ECM
不能强制降挡	ECM
换挡故障	驻车挡/空挡位置开关电路＊1
	ECM

自动传动桥系统故障码表　　　　　　　　　　　　　　　　　　　　表11-4

DTC代码	检测项目	故障部位
P0705	变速器挡位传感器电路故障(PRNDL输入)	(1)驻车挡/空挡位置开关电路断路或短路; (2)驻车挡/空挡位置开关; (3)ECM
P0710	ATF温度传感器"A"电路	(1)ATF温度传感器电路断路或短路; (2)变速器线束(ATF温度传感器); (3)ECM
P0711	ATF温度传感器"A"性能	变速器线束(ATF温度传感器)
P0712	ATF温度传感器"A"电路低输入	(1)ATF温度传感器电路短路; (2)变速器线束(ATF温度传感器); (3)ECM
P0713	ATF温度传感器"A"电路高输入	(1)ATF温度传感器电路断路; (2)变速器线束(ATF温度传感器); (3)ECM
P0717	涡轮转速传感器电路无信号	(1)变速器转速传感器NT(转速传感器NT)电路断路或短路; (2)变速器转速传感器NT(转速传感器NT); (3)ECM; (4)自动传动桥总成
P0724	制动开关"B"电路高电位	(1)制动灯开关电路短路; (2)制动灯开关; (3)ECM

引导问题 26 ▶ 如何根据故障码 P0705 进行检测？

故障码 P0705 表示驻车挡/空挡位置开关开路或短路、或者元件损坏、或者 ECM 故障。驻车挡/空挡位置开关检测变速杆位置，并向 ECM 发送信号。为安全起见，驻车挡/空挡位置开关检测变速杆位置，使发动机只能在车辆变速杆置于 P 位或 N 位时才能起动。当驻车挡/空挡位置开关从开关位置 P、R、N、D、3、2 或 L 一次发送多个信号时，ECM 将其视为开关中有故障。ECM 将点亮 MIL。驻车挡/空挡位置开关线路如图 11-31 所示。

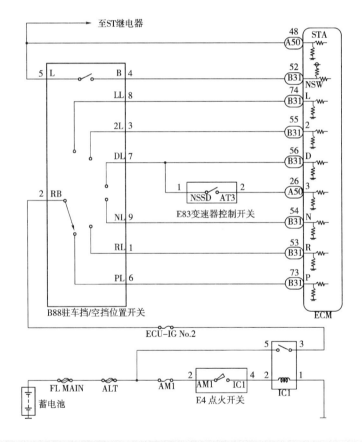

图 11-31 驻车挡/空挡位置开关线路图

（1）根据图 11-31 和图 11-32 测试驻车挡/空挡位置开关各端子的电阻和在点火开关 ON 位置时各端子的电压，将数据填入表 11-5。

（2）根据图 11-33 测量传感器端子至模块之间线束的电阻值，应小于 0.1Ω；否则，应修理或更换配线、插接器或传感器。

项目五　自动变速器电子控制系统的检修

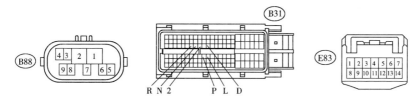

图 11-32　空挡起动开关和 ECM 端子

电阻的检测　　　　　　　　　　　　　　　　　　　　　表 11-5

检测端子	电阻值(Ω) 点火开关在 OFF	电压值(V) 点火开关在 ON
B88-5 与 A50-48		

 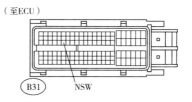

图 11-33　空挡起动开关和 ECM 端子对应连接图

三　评价与反馈

请完成评价反馈表，见表 11-6。

评价反馈表　　　　　　　　　　　　　　　　　　　　表 11-6

请根据你自己在工作中和课堂上的表现，对自己进行客观的评价，看看你能获得几颗星？

评价项目	5 颗星	3 颗星	1 颗星	评价结果
知识掌握情况	掌握相关理论知识，并能运用到实际操作中，任务完成良好	基本能够理解相关理论知识，能够完成相应工作	对相关理论知识不明白，不能或者难以完成相应的工作	

续上表

评价项目	5颗星	3颗星	1颗星	评价结果
动手实践情况	积极参加,做好安全保护工作,注重工作质量	会动手实践,安全保护措施到位,工作质量较好	出现安全隐患,不知道如何动手实践	
小组合作情况	与小组成员配合工作很愉快	与小组其他同学配合工作交流较少	没有与其他同学进行交流	
6S执行情况	值日认真,服从指挥,工位、工装整洁,职业形象好	值日较认真,出现迟到或其他违纪情况	出现忘记值日、工位或工装不整洁的情况	
哪些方面需要改进				
教师点评				
学生姓名		小组长签名		
教师签名		日期		

四 学习拓展

(1)自动变速器是如何改善换挡质量的?

(2)自动变速器控制模块主要有哪些控制内容?

项目六 自动变速器故障诊断

项目描述

学生通过对自动变速器典型故障的诊断,掌握自动变速器故障诊断的方法和基本流程,学会对自动变速器在不同故障情况下采用不同的实验和测试方法,学会在不对变速器进行分解的前提下,通过基本检查和分析,确认故障范围的诊断思路。

学习任务十二 自动变速器故障诊断方法

学习目标

◎ 知识目标
(1)能够叙述自动变速器的基本检测方法。
(2)能够对自动变速器故障现象进行分析。
(3)能够正确使用检测工具和设备。

◎ 技能目标
(1)能进行自动变速器道路实验,并进行故障分析。
(2)能进行油压测试,并进行故障分析。

◎ 素养目标
(1)学会倾听顾客的抱怨,掌握应对顾客抱怨的技巧。
(2)能够在工作过程中,与小组其他成员合作、交流并进行任务分工,具备团队合作和安全操作的意识。

建议完成本学习任务的时间为 6 课时。

 学习任务描述

一辆卡罗拉1.6AT轿车在检修时,车主反映:自动变速器在任何挡位均不能行驶。需要你检查自动变速器,确定故障部位,并进行修理。

 学习内容

 注意事项

(1)注意人身安全,认真执行6S管理。
(2)工作过程中,保持工位环境整洁,按照环保要求对废物进行处理。
(3)严格遵守拆装规程,避免人为损坏零部件。

 资料收集

引导问题1 自动变速器维修作业前应该了解哪些信息?

要想快速准确地进行自动变速器故障诊断,首先必须彻底了解自动变速器的工作过程和结构,而且能够对客户的描述进行分析,透彻了解自动变速器各种故障的症状和诊断流程。

技术人员在开始对自动变速器进行故障诊断维修前,应认真听取客户对故障的描述,与客户进行充分的交流,了解故障发生的过程。通常情况下,客户对故障现象的反馈及对故障的大体判断,可能与实际情况存在一定差异。但客户提供的车辆使用、维护等信息的记录或反馈,对故障的检查和判断有很大的帮助。用户故障分析表,见表12-1。

用户故障分析表　　　　　　　　　　　　　表12-1

该自动变速器的识别码为＿＿＿＿＿＿。

用户名称			登记号	
			登记年月日	／　／
			车架号	
送修日期	／　／		里程表读数	km
故障发生的情况	发生故障日期			
	多长时间发生一次故障		□连续　□间断(＿＿次/天)	
故障次数	□车辆不行驶　(□任何挡位　□特定挡位)			
	□无上行换挡　(□1挡-2挡　□2挡-3挡　□3挡-4挡)			
	□无下行换挡　(□4挡-3挡　□3挡-2挡　□2挡-1挡)			
	□驻车锁定故障			
	□换挡点过高或过低			
	□接合不柔和　(□空挡-4　□锁定　□任何挡位)			
	□滑移或打颤			
	□无自动跳合			
	□无模式选择			
	□其他			
其他项目	检查故障指示灯		□正常　□保持点亮	
代码检查	第1次		□正常代码　□故障代码(代码)	
	第2次		□正常代码　□故障代码(代码)	

技术人员在开始故障诊断与维修前应向客户了解以下信息:

(1)车辆的使用情况。

(2)车辆的维护情况。

(3)车辆出现故障的条件,如什么天气条件下出现?出现故障时的发动机转速和温度是多少?是经常发生吗?

(4)车辆的基本信息和自动变速器的型号。

此外在进行自动变速器维修作业前,还必须排除由于其他原因而导致的自动变速器故障。例如发动机的故障也会导致自动变速器工作出现异常。例如发动机真空度过低会产生一个大负荷工况信号,这会导致自动变速器换挡延迟和换挡粗暴。还有,如果发动机工作不稳定,导致自动变速器频繁换挡或者换挡延迟。因此,在对自动变速器进行故障诊断前必须确保车辆的故障不是由于发动机引起的。

引导问题2 ▶ 自动变速器故障诊断的工艺流程是怎样的？

自动变速器在任何挡位汽车均不能行驶，说明自动变速器存在故障，请根据图12-1的诊断流程进行故障诊断。

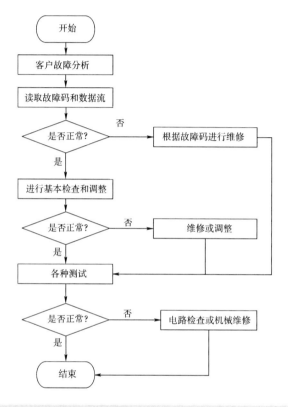

图12-1 自动变速器故障诊断流程

二、实施作业

引导问题3 ▶ 作业前应该准备哪些工具和设备？

（1）座椅套、转向盘套、地板垫、翼子板布、前格栅布、干净抹布。
（2）装备U341E自动变速器的卡罗拉轿车及维修手册。
（3）汽车万用表、汽车专用示波器和手持式故障诊断仪。
（4）工作记录表、评分表。

引导问题4 如何进行作业前的准备工作?

（1）现场安全确认：车辆、举升机、工位安全确认。
（2）车辆防护：翼子板布、前格栅布、座椅套、转向盘套、地板垫、车轮挡块。
（3）安全检查：机油、冷却液、ATF、蓄电池电压等。

引导问题5 通过查询和查找，你能找到以下信息吗?

请完成车辆基本信息表，见表12-2。

车辆基本信息表　　　　　　　　　　　　表12-2

项　目	具　体　信　息
车牌号码	
行驶里程	
发动机型号及排量	
车辆识别代码(VIN)	

引导问题6 如何进行自动变速器的道路测试?

在开始作业前，请确认已经做好作业前的准备工作。

道路试验是诊断、分析自动变速器故障的最有效的手段之一。此外，自动变速器在修复之后，也应进行道路试验，以检查其工作性能，检验修理质量。自动变速器的道路试验内容主要有：检查换挡车速、换挡质量以及检查换挡执行元件有无打滑等。在道路试验之前，应先让汽车以中低速行驶5～10min，让发动机和自动变速器都达到正常工作温度。在试验中，如特殊需要，通常应将超速挡开关置于ON位置（即超速指示灯熄灭），并将模式开关置于普通模式或经济模式的位置。道路试验方法如下文所述。

1　升挡检查

将变速杆置于前进挡位（D），踩下加速踏板，使节气门保持在1/2开度左右，让汽车起步加速,检查自动变速器的升挡情况,如图12-2所示。自动变速器在升挡时,发动机会有瞬时的转速下降,同时车身有轻微的闯动感。正常情况下,汽车起步后随着车速的升高,试车者应能感觉到自动变速器能顺利地由1挡升入2挡,随后再由2挡升入3挡,最后升入超速挡。若自动变速器不能升入高挡(3挡或超速挡),说明控制系统或换挡执行元件有故障。

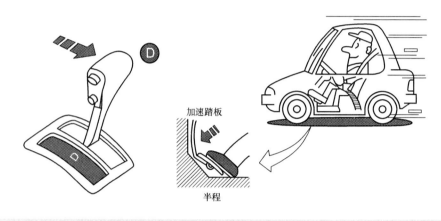

图12-2 升挡检查

2 升挡时车速的检查

将变速杆置于前进挡位(D),踩下加速踏板,并使节气门保持在某一个固定开度,让汽车起步并加速。当察觉到自动变速器升挡时,记下升挡车速。一般4挡自动变速器在节气门开度保持在1/2时由1挡升至2挡的升挡车速为25~35km/h,由2挡升至3挡的升挡车速为55~70km/h,由3挡升至4挡(超速挡)的升挡车速为90~120km/h。由于升挡车速和节气门开度有很大的关系,即节气门开度不同时,升挡车速也不同,而且不同车型的自动变速器各挡位传动比的大小都不相同,其升挡车速也不完全一样,因此,只要升挡车速基本保持在上述范围内,而且汽车行驶中加速良好,无明显的换挡冲击,都可认为其升挡车速基本正常。若汽车行驶中加速无力,升挡车速明显低于上述范围,说明升挡车速过低(即过早升挡);若汽车行驶中有明显的换挡冲击,升挡车速明显示高于上述范围,说明升挡车速过高(即太迟升挡)。

在自动变速器维修手册中都有该自动变速器升挡(或降挡)车速标准表,但表中通常只列出了节气门开启或全关时的升挡(或降挡)车速。然而,在道路试验中,让汽车以节气门全开状态行驶,往往因道路条件的限制而无法实施,而且以节气门处于全开位置行驶也容易加剧自动变速器内摩擦元件的磨损,一般不宜采用。因此表中的数据只能作为参考。有些自动变速器维修手册中做出了该自动变速器的换挡图，从换挡图中可以得出不同节气门开度下自动变速器的升挡车速，这可作为判断换挡车速是否正确的标准。图12-3为自动变速器的换挡图，图中实线为升挡曲线，虚线为降挡曲线。电子控制自动变速器的升挡车速和节气门开度的变化关系图呈阶梯状折线。

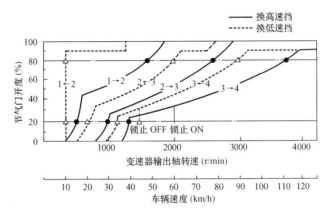

图 12-3　自动变速器经济模式换挡图

由于降挡时刻在行驶中不易察觉，因此在道路试验中一般无法检查自动变速器降挡车速，只能通过检查升挡车速来判断自动变速器有无故障。如有必要，还可检查在其他模式下或变速杆置于前进低挡位时的换挡车速，并与标准值进行比较，以作为判断故障的参考依据。

升挡车速太低一般是控制系统的故障所致，换挡车速太高则可能是控制系统的故障所致，也可能是换挡执行元件的故障所致。

3　升挡时发动机转速的检查

有发动机转速表的汽车在做自动变速器道路试验时，应注意观察汽车行驶中发动机转速变化的情况，因为它是判断自动变速器工作是否正常的重要依据之一。在正常情况下，若自动变速器处于经济模式或普通模式，节气门开度保持在低于1/2范围内，则汽车在由起步加速直至升入高速挡的整个行驶过程中，发动机转速都将低于3000r/min。通常发动机在加速至即将要升挡时的转速可达到2500～3000r/min。如果在刚刚升挡后的短时间内发动机转速下降至2000r/min，说明升挡时间过早，说明发动机动力不足；如果在行驶过程中发动机转速始终偏高，升挡前右的转速在2500～3500r/min，且换挡冲击明显，说明升挡时间过迟；如果在行驶中发动机转速过高，常高于3000r/min，在加速时达到4000～5000r/min，甚至更高，则说明自动变速器的换挡执行元件（离合器或制动器）打滑，应拆修自动变速器。

4 换挡质量的检查

换挡质量的检查主要是检查有无换挡冲击。正常的自动变速器只能有不太明显的换挡冲击,特别是电子控制自动变速器的换挡冲击应十分微弱。若换挡冲击太大,说明自动变速器的控制系统或换挡执行元件有故障,其原因可能是油路油压高或换挡执行元件打滑,应进行下一步的检查。

5 锁止离合器工作状况的检查

自动变速器变矩器中的锁止离合器工作是否正常,也可以采用道路试验的方法进行检查。试验中,让汽车加速至超速挡,以高于 80km/h 的车速行驶,并让节气门开度保持在低于 1/2 的位置,使变矩器进入锁止状态。此时,快速将加速踏板开度踩下至 2/3,同时检查发动机转速的变化情况。若发动机转速没有太大的变化,说明锁止离合器处于接合状态;反之,若发动机转速升高很多,则说明锁止离合器没有接合,如图 12-4 所示,其原因通常是锁止控制系统有故障。

6 发动机制动作用的检查

检查自动变速器有无发动机制动作用时,应将变速杆置于前进低挡位(S、L 或 2、1),在汽车以 2 挡或 1 挡行驶时,突然松开加速踏板,检查是否有发动机制动作用,如图 12-5 所示。若松开加速踏板后车速立即随之下降,说明有发动机制动作用;否则说明控制系统或前进制动离合器有故障。

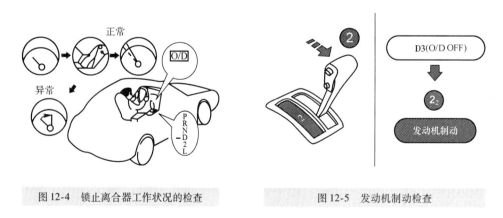

图 12-4 锁止离合器工作状况的检查　　图 12-5 发动机制动检查

7 强制降挡功能的检查

检查自动变速器强制降挡功能时,应将变速杆置于前进挡位(D),保持节气门开度为 1/3 左右,在以 2 挡、3 挡或超速挡行驶时突然将加速踏板完全踩到底,检查自动变速器是否被强制降低一个挡位,如图 12-6 所示。在强制降挡时,发动机转速会突然上升至 4000r/min 左右,并随着加速升挡,转速逐渐下降。若踩下加速踏板后没有出现强制降挡,说明强制降挡功能失效。若在强制降挡时发动机转速升高反常,达 5000~6000r/min,并在升挡时出现换挡冲击,则说明换挡执行元件打滑,应拆修自动变速器。

请将试验结果记录在表 12-3 中。

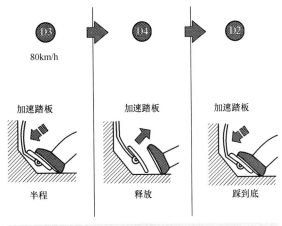

图 12-6 强制降挡检查

道路测试记录表　　　　　　　　　　表 12-3

检查项目	升挡检查	升挡时车速	升挡时发动机转速	换挡质量	锁止离合器工作情况	发动机制动	强制降挡功能
测试结果							
测试结果分析							

引导问题 7　如何进行自动变速器的油压试验与检查?

油压试验是在自动变速器运转时,对控制系统各个油压进行测量,为分析自动变速器的故障提供依据,以便于有针对性地进行修复。正确的油路油压是自动变速器正常工作的先决条件。油压过高,会使自动变速器出现严重的换挡冲击,甚至损坏控制系统;油压过低,会造成换挡执行元件打滑,加剧其摩擦片的磨损,甚至使换挡执行元件烧毁。对于因油压过低而造成换挡执行元件烧毁的自动变速器,如果仅仅更换烧毁的摩擦片而没有找出故障的真正原因进行修复,更换后的摩擦片经过一段时间的使用后往往会再次烧毁。因此,在分解修理自动变速器之前和自动变速器修复之后,都要对自动变速器做油压试验,以保证自动变速器的修理质量。

油压试验的内容取决于自动变速器的类型及测压孔的设置方式。下面介绍卡罗拉车型自动变速器油压试验的主要内容和方法,如图 12-7 所示。

1　主油路油压测试

测试主油路油压时,应分别测量出前进挡和倒挡的主油路油压。
(1)前进挡主油路油压测试方法包括如下步骤:

①拆下变速器壳体上主油路测压孔或前进挡油路测压孔螺塞,连接上油压表。

②起动发动机。

③将变速杆置于前进挡位(D)。

④读出发动机怠速运转时的油压。该油压即为怠速工况下的前进挡主油路油压。

⑤用左脚踩紧制动踏板,同时用右脚将加速踏板完全踩下,在失速工况下读取油压。该油压即为失速工况下的前进挡主油路油压。

⑥将变速杆置于空挡位或驻车挡位,让发动机怠速运转1min以上。

⑦将变速杆置于各个前进低挡位(S、L或2、1),重复①~⑥的步骤,读出各个前进低挡在怠速工况和失速工况下的主油路油压。

(2)倒挡主油路油压测试方法包括如下步骤:

①拆下自动变速器壳体上的主油路测压孔或倒挡油路测压孔螺塞,接上油压表。

②起动发动机。

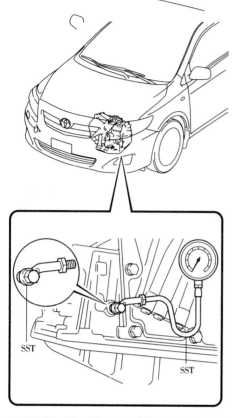

图12-7 油压测试

③将变速杆置于倒挡位(R)。

④在发动机怠速运转工况下读取油压,该油压即为怠速工况下的倒挡主油路油压。

⑤用左脚踩紧制动踏板,同时用右脚将加速踏板完全踩下,在发动机失速工况下读取油压,该油压即为失速工况下的倒挡主油路油压。

⑥将变速杆置于空挡位(N),让发动机怠速运转1min以上。

将测得的主油路油压与标准值进行比较,不同车型自动变速器的主油路油压都不完全相同,若主油路油压不正常,说明油泵或控制系统有故障。

请在表12-4中填写测试结果。

油压测试记录表　　　　　　　　　　　　　表12-4

工况	挡位	测试结果	测试结果分析
怠速	D		
	L		
	R		

项目六 自动变速器故障诊断

续上表

工况	挡位	测 试 结 果	测试结果分析
失速	D		
	L		
	R		

表12-5列出了主油路油压不正常的可能原因。

主油路油压不正常的原因　　　　　　　表12-5

工况	测 试 结 果	故 障 原 因
怠速	所有挡位的主油路油压均太低	油泵故障;主油路调压阀卡死;主油路泄漏;主油路调压阀弹簧太软;节气门阀卡滞;节气门拉索或节气门位置传感器调整不当
	前进挡和前进低挡的主油路油压均太低	前进挡离合器活塞漏油;前进挡油路泄漏
	前进挡的主油路油压正常;前进低挡的主油路油压太低	1挡强制离合器或2挡强制离合器活塞漏油;前进低挡油路泄漏
	前进挡主油路油压正常;倒挡主油路油压太低	倒挡及高挡离合器活塞漏油;倒挡油路泄漏
	所有挡位的主油路油压均太高	节气门拉索或节气门位置传感器调整不当;主油路调压阀卡死;节气门阀卡滞;主油路调压阀弹簧太硬;油压电磁阀损坏或线路故障
失速	稍低于标准油压	节气门位索或节气门位置传感器调整不当;油压电磁阀损坏或线路故障;主油路调压阀卡死或弹簧太软
	明显低于标准油压	油泵故障;主油路泄漏

2 调速器油压的测试

大部分液力控制自动变速器都可以做这项测试。在测试调速器的油压时,应当用举升器将汽车升起,或用千斤顶将驱动桥顶起,也可以接上压力表后进行路试。

(1)拆下自动变速器壳体上的调速器测压螺塞,接上油压表。

(2)起动发动机。

(3)将变速杆置于前进挡位(D)。

(4)松开驻车制动操纵手柄,缓慢地踩下加速踏板驱动转动。

(5)读取不同车速下的调速器油压。

(6)将测试结果与标准值进行比较。

若调速器油压太低,可能有以下原因:主油路油压太低;调速器油路泄漏;调速器工作不正常。

3 油压电磁阀工作的测试

电子控制自动变速器常采用油压电磁阀控制主油路油压或减振器背压。这种自动变速器可以在油压试验中人为地向油压电磁阀施加电信号,同时测量油路油压的变化,以检查油压电磁阀的工作是否正常。不同车型的电子控制自动变速器的油压电磁阀工作原理不完全相同,其检测方法也不一样。

(1)将油压表接至自动变速器减振器背压的测压孔。

(2)对照电路图,找出自动变速器电脑线束插头上油压电磁阀控制端的接线脚,将一个8W灯泡的一脚与油压电磁阀控制端的接脚连接。

(3)将汽车停放在水平地面上,拉紧驻车制动操纵手柄,并用三角木块将4个车轮塞住。

(4)起动发动机,检查并调整好发动机怠速。

(5)踩住制动踏板,将变速杆置于前进挡位(D)。

(6)读取此时的减振器背压,其值应大于零。

(7)将连接油压电磁阀8W灯泡的另一脚搭铁,此时油压电磁阀将通电而开启。读出此时的减振器背压。

在油压电磁阀的接线脚经8W灯泡搭铁时,油压电磁阀将通电开启。此时减振器背压应下降为零。如有异常,说明油压电磁阀工作不良。

引导问题8 如何进行自动变速器的迟滞试验与检查?

在发动机怠速运转时将变速杆从空挡位拨至前进挡位或倒挡位后,需要有一段短暂时间的迟滞或延时才能使自动变速器完成挡位的接合(此时汽车会产生一个轻微的振动),这个短暂的时间称为自动变速器换挡的迟滞时间。延时试验就是测出自动变速器换挡的迟滞时间,根据迟滞时间的长短来判断主油路油压及换挡执行元件的工作是否正常。延时试验的步骤包括如下方面:

(1)让汽车行驶,使发动机和自动变速器达到正常工作温度。

(2)将汽车停放在水平地面上,拉紧驻车制动操纵手柄。

(3)检查发动机怠速。如不正常,应按标准予以调整。

(4)将自动变速器变速杆从空挡位(N)拨至前进挡位(D),用秒表测量从拨动变速杆开始到感觉汽车振动为止所需的时间,该时间称为N-D延时时间。

(5)将变速杆置于N位,让发动机怠速运转1min后,再做一次同样的试验。

(6)做3次试验,并取平均值。

项目六 自动变速器故障诊断

(7)按上述方法,将变速杆由 N 位拨至 R 位,测量 N-R 延时时间。

大部分自动变速器 N-D 延时时间小于 1.2s,N-R 延时时间小于 1.5s。若 N-D 延时时间过长,说明主油路油压过低,前进离合器摩擦片磨损过甚或前进单向超越离合器工作不良;若 N-R 延时时间过长,说明倒挡主油路油压过低,倒挡离合器或倒挡制动器磨损过甚或工作不良。

请在表 12-6 中填写测试结果。

时滞测试记录表　　　　　　　　　　　表 12-6

挡　位	测 试 结 果	测 试 结 果 分 析
N-D		
L-D		
P-R		

引导问题9 如何进行自动变速器的手动换挡试验与检查?

此项内容为选做内容。

对于电子控制自动变速器而言,为了确定故障存在的部位,区分故障是由机械系统、液压系统引起,还是由电子控制系统引起的,可进行手动换挡试验。

所谓手动换挡试验就是将电子控制自动变速器所有换挡电磁阀的线束插头全部脱开,此时控制模块不能通过换挡电磁阀来控制换挡,自动变速器的换挡取决于变速杆的位置。不同车型的电子控制自动变速器在脱开换挡电磁阀线束插头后的挡位和变速杆的关系不完全相同。

手动换挡试验的步骤包括如下方面:

(1)脱开电子控制自动变速器的所有换挡电磁阀线束插头。

(2)起动发动机,将变速杆置于不同位置,然后做道路试验(也可以将驱动轮悬空,进行台架试验)。

(3)观察发动机转速和车速的对应关系,以判断自动变速器所处的挡位。不同挡位时发动机转速与车速的关系可参考表 12-7。由于变矩器的减速作用与传递的转矩有关,因此表中车速只能作为参考,实际车速将随着行驶中节气门开度的不同而产生一定的变化。注意,不同的自动变速器换挡转速和车速是不同的。

挡位转速和车速表 表12-7

挡 位	发动机转速(r/min)	车速(km/h)
1挡	2000	18~22
2挡	2000	34~38
3挡	2000	50~55
超速挡	2000	70~75

(4)若变速杆置于不同位置时,自动变速器所处的挡位与表12-7中的1—2—3挡位相同。说明电子控制自动变速器的阀板及换挡执行元件基本上工作正常。否则,说明自动变速器的阀板或换挡执行元件有故障。

(5)试验结束后,接上电磁阀线束插头。

(6)清除控制模块中的故障码,防止因脱开电磁阀线束插头而产生的故障码保存在控制模块中,影响自动变速器的故障自诊断工作。

卡罗拉轿车U341E自动变速器电磁阀工作情况见表12-8。

U341E自动变速器电磁阀工作表 表12-8

变速杆的位置	正常		挡位
	电磁阀		
	S1	S2	
D	ON	ON	一挡
	ON	OFF	二挡
	OFF	OFF	三挡
	OFF	ON	四挡
2	ON	ON	一挡
	ON	OFF	二挡
	OFF	OFF	三挡
L	ON	ON	一挡
	ON	OFF	二挡

三 评价与反馈

请完成评价反馈表,见表12-9。

项目六　自动变速器故障诊断

评价反馈表　　　　　　　　　　　　　　　　　　　　表 12-9

 请根据你自己在工作中和课堂上的表现,对自己进行客观的评价,看看你能获得几颗星?

评价项目	5 颗星	3 颗星	1 颗星	评价结果
知识掌握情况	掌握相关理论知识,并能运用到实际操作中,任务完成良好	基本能够理解相关理论知识,能够完成相应工作	对相关理论知识不明白,不能或者难以完成相应的工作	
动手实践情况	积极参加,做好安全保护工作,注重工作质量	会动手实践,安全保护措施到位,工作质量较好	出现安全隐患,不知道如何动手实践	
小组合作情况	与小组成员配合工作很愉快	与小组其他同学配合工作交流较少	没有与其他同学进行交流	
6S 执行情况	值日认真,服从指挥,工位、工装整洁,职业形象好	值日较认真,出现迟到或其他违纪情况	出现忘记值日、工位或工装不整洁的情况	
哪些方面需要改进				
教师点评				
学生姓名		小组长签名		
教师签名		日期		

四　学习拓展

(1) 自动变速器的道路测试项目有哪些?

(2) 请查阅维修手册,如何排除故障码为 P0705 的故障?

参 考 文 献

[1] 巫兴宏,齐忠志.汽车自动变速器维修工作页[M].2版.北京:人民交通出版社,2013.

[2] 全国汽车维修专项技能认证技术支持中心编写组.自动变速器[M].北京:教育科学出版社,2003.

[3] J·厄尔贾维克.汽车自动变速器与变速驱动桥[M].韩爱民,译.北京:机械工业出版社,1998.

[4] 过学训.汽车自动变速器结构原理[M].北京:机械工业出版社,1999.

[5] 赵计平,刘渝,李雷.汽车维修技术人员培训能力标准[M].重庆:重庆大学出版社,2006.

[6] 曹利民.国产轿车自动变速器维修手册[M].北京:金盾出版社,2005.

[7] 付百学.上海大众帕萨特轿车维修手册[M].北京:机械工业出版社,2002.

[8] 鲁植雄.汽车自动变速器故障诊断图解[M].南京:江苏科学技术出版社,2000.

[9] 张则雷.汽车自动变速器检修[M].北京:人民交通出版社,2007.